櫻坂46

sakurazaka

～櫻色の未来へ～

阿部慎二

太陽出版

プロローグ

2020年の大晦日——

第71回NHK紅白歌合戦に『Nobody's fault』で初出場を果たした櫻坂46。

今さら「実際には『サイレントマジョリティー』でデビューした2016年から5年連続5回目の出場じゃないか」などと、野暮なことは言うまい。

彼女たちは2020年10月12日、13日の配信ライブを最後に〝欅坂46〟としての活動に幕を閉じ、〝櫻坂46〟として新たなスタートを切ったのだから。

「キャプテンの菅井は櫻坂46の紅白出場について『聞かされたのは初出場会見の直前』だと話していました。『人生2度目の初出場ということで。ありがたすぎて、こんなことってあるんだなって』——とコメント。さらに他のメンバーも『紅白初出場という機会を頂けて、まさか出場させてもらえるとは思ってもいなかったので、本当に驚きました』『いつも応援してくださる皆さまや、紅白で初めて櫻坂46をご覧になってくださる皆さまにも、櫻坂らしさ溢れるパフォーマンスをお見せ出来るよう、精一杯頑張りたいと思います』——など、口々に喜びの言葉を発していました」（NHK関係者）

欅坂46から櫻坂46への改名は、ある意味ではコロナ禍がもたらせた改名と言っても過言ではない。

菅井友香は――

『世界的に大変な状況で私たちも思うように活動が出来なかった時、

改名という大きな決断をさせて頂いたことが、新しく一歩を踏み出す決意に繋がりました』

――と語り、さらに、

『欅坂では出さなかった、出せなかった私たちの〝色〟を出して、新しい櫻坂の一面を知って頂けたら』

――の想いを、紅白歌合戦のステージにぶつけたのだ。

「その想いはリニューアルスタートした『そこ曲がったら、櫻坂？』（テレビ東京）の初回に発表された、グループの新体制から表れていましたからね。欅坂時代はもちろん、姉妹グループの乃木坂46にも日向坂46にもない、まったく新しいシングル曲のフォーメーションこそが、櫻坂46の新たな魅力を引き出す〝秘策〟だったのです」（アイドル誌ライター）

乃木坂46の〝福神〟にあたるメンバーを、欅坂46では〝欅エイト〟と命名。

1stシングル『Nobody's fault』の選抜メンバーは14名。

1列目3人、2列目5人、3列目6人のフォーメーションで、1列目と2列目の8人が〝欅エイト〟になる。

「まずはセンターに2期生の森田ひかるを抜擢し、両サイドに小林由依と渡邉理佐。2列目は菅井友香、田村保乃、藤吉夏鈴、山﨑天、小池美波が並び、ここまでが欅エイト。そして表題曲の3列目は武元唯衣、土生瑞穂、大園玲、尾関梨香、守屋茜、松田里奈。1期生7名、2期生6名、新2期生1名のバランスです」（同アイドル誌ライター）

櫻坂46として生まれ変わったのだから、全員を〝1期生〟と呼ぶべきでは？……とも感じるが、公式サイトでは欅坂46時代と同じく1期生と2期生に分けられている。

さらに驚きなのが、1stシングルのカップリングとして収録された6曲も表題曲と同様に14人体制で、合計7曲すべてで〝3列目のメンバーを入れ替えて〟パフォーマンスすることだった。

「平手友梨奈がこだわり続け、9thシングルの発売を中止に追い込んだ〝1期生全員が平等に選抜メンバー〟の名残を微妙に感じさせますが、しかし全員にチャンスが与えられたことには間違いありません。櫻エイトは7曲すべてに参加、カップリングの6曲は森田に加えて藤吉夏鈴と山﨑天の3人が2曲ずつセンターを務めます」(同前)

つまり3パターンのフォーメーションで全員参加の7曲を構成するわけだが、歌番組で『Nobody's fault』を披露する際は14名しか参加出来ない。

「これからは櫻坂46にも歴とした〝選抜争い〟の競争原理が働きます。今回の〝櫻エイト〟はあくまでも1stシングルに限った話なので、おそらくは安泰だろうと思われる数名以外、8名の櫻エイト、14名の選抜メンバーの当落争いは、乃木坂46や日向坂46には見られないほど激しいものになるでしょう。しかしそれでこそ〝欅坂46〟のイメージを払拭し、〝櫻坂46〟が新たな道を歩み出すために絶対に必要なこと。キャプテンの菅井友香以下、彼女たちの発言の端々には、その〝覚悟〟を感じさせますね」(同前)

そう、まさにこれからの櫻坂46には〝期待〟と〝希望〟の未来しかないのだ——。

欅坂46／櫻坂46 年表 2015年〜2020年

欅坂46として

2015年

● 2月22日
『乃木坂46 3rd YEAR BIRTHDAY LIVE』(西武ドーム)で、「乃木坂46 新プロジェクトメンバー1期生募集決定」が発表される。

● 6月28日
「乃木坂46 新プロジェクト・鳥居坂46」1期生メンバーの募集を開始。

● 8月21日
〝鳥居坂46〟1期生最終オーディション。応募総数2万2，509名から3次審査を通過した45名が最終オーディションに臨み、22名の合格者が決定。直後のお披露目会見でグループ名を『欅坂46』に変更することが発表され、その後、合格者の鈴木泉帆が辞退して21名での活動がスタート。

●10月4日
初のレギュラー冠番組『欅って、書けない?』(テレビ東京)スタート。

●11月11日
原田まゆ 卒業。

●11月14日～15日
初のお披露目イベント『お見立て会』(Zepp DiverCity)開催。

●11月29日
『欅って、書けない?』で新メンバー・長濱ねるの加入を発表。

長濱は最終オーディションを受けていないため、アンダーグループ〝けやき坂46〟で活動すること。さらに同グループのメンバーを追加募集することを告知。

●12月16日
テレビ番組での初パフォーマンスを『2015 FNS歌謡祭 THE LIVE』(フジテレビ)で披露。乃木坂46、AKB48との共演で『制服のマネキン』を歌う。

●12月19日～20日
関東5会場で初の握手会。

2016年

- 1月16日〜17日　『新春！ おもてなし会』（Zeppブルーシアター六本木）開催。
- 1月30日　『ニッポン放送 LIVE EXPO TOKYO 2016 ALL LIVE NIPPON VOL.4』（国立代々木競技場第一体育館）のオープニングアクトで初のライブパフォーマンス。
- 3月17日　初単独ライブ『欅坂46 生中継！ デビューカウントダウンライブ!!』（東京国際フォーラム）開催。
- 4月1日　ラジオ冠番組『欅坂46 こちら有楽町星空放送局』（ニッポン放送）スタート。
- 4月6日　デビュー曲『サイレントマジョリティー』リリース。初週売上26万2，000枚でオリコン週間シングルランキング1位、女性アーティストのデビュー曲初週売上歴代1位の記録（※2016年当時）を樹立。

- 7月16日
初主演ドラマ『徳山大五郎を誰が殺したか？』（テレビ東京）スタート。
- 8月10日
2ndシングル『世界には愛しかない』リリース。
- 10月22日
『PERFECT HALLOWEEN 2016』（横浜アリーナ）出演。この時のステージ衣裳がナチス・ドイツの軍服に似ているとして、一部から批判を浴びる。
- 11月24日
第67回NHK紅白歌合戦初出場が決まる。
- 11月30日
3rdシングル『二人セゾン』リリース。
- 12月24日
2016年にリリースした『サイレントマジョリティー（37万7，000枚）』『世界には愛しかない（39万3，000枚）』『二人セゾン（46万8，000枚）』のシングル3作品で年間売上げ16億3，000万円を記録、オリコン年間ランキング2016『アーティストトータルセールス・新人部門』1位を獲得。
- 12月24日～25日
初のワンマンライブを有明コロシアムで開催。

●12月28日
『COUNTDOWN JAPAN 16/17』初出場。

●12月31日
『サイレントマジョリティー』で第67回NHK紅白歌合戦出場。

2017年

●1月21日
『二人セゾン』発売記念全国握手会（幕張メッセ）ミニライブで菅井友香がキャプテン、守屋茜が副キャプテンに任命される。

●4月5日
4thシングル『不協和音』リリース。

●4月6日
『欅坂46デビュー1周年記念ライブ』（国立代々木競技場第一体育館）開催。

●6月24日
千葉県・幕張メッセで行われた握手会で、刃物を所持した男性が発煙筒を投げる事件が発生。

●7月19日　1stアルバム『真っ白なものは汚したくなる』リリース。

●7月22日～23日　富士急ハイランドコニファーフォレストにて『欅共和国2017』初開催。

●8月2日～30日　6会場・11公演の初全国ツアー
『欅坂46 全国ツアー2017 真っ白なものは汚したくなる』開催。

●8月12日　『ROCK IN JAPAN FESTIVAL 2017』初出場。

●9月24日　長濱ねるの兼任解除、欅坂46専任を『欅って、書けない？』番組内で発表。

●10月25日　5thシングル『風に吹かれても』リリース。

●12月31日　『不協和音』で第68回NHK紅白歌合戦出場（2年連続2回目）。

2018年

- 3月7日　6thシングル『ガラスを割れ！』リリース。
- 4月6日〜8日　『欅坂46 2nd YEAR ANNIVERSARY LIVE』（武蔵野の森総合スポーツプラザ メインアリーナ）開催。
- 7月20日〜22日　『欅共和国2018』（コニファーフォレスト）開催。
- 8月11日〜9月5日　『欅坂46 夏の全国アリーナツアー2018』5会場・11公演。
- 8月15日　7thシングル『アンビバレント』リリース。
- 9月13日〜17日　複合施設『渋谷ストリーム』内の〝渋谷ストリームホール〟開業記念イベント。13日のオープニングセレモニーで菅井友香がテープカットに参加。

●9月26日
1stライブDVD・BD『欅共和国2017』リリース。発売初週で合算8万3，000枚を売り上げ、オリコン週間ランキングDVD・BDの2部門で同時初登場1位を記録。音楽映像1st作品でのDVD・BD同時1位は史上初。

●11月4日
今泉佑唯 卒業。

●11月16日
志田愛佳 卒業。

●11月16日～25日
ザンビプロジェクトの舞台『ザンビ』(TOKYO DOME CITY HALL)上演。坂道シリーズ3グループ初競演。

●11月29日
坂道合同オーディションの合格者39名の配属先が発表され、2期生として9名が加入。

●12月10日
2期生『お見立て会』(日本武道館)。

●12月31日
『ガラスを割れ！』で第69回NHK紅白歌合戦出場(3年連続3回目)。

2019年

●2月7日〜17日
ザンビプロジェクト第4弾、舞台『ザンビ〜Theater's end〜』(天王洲 銀河劇場)上演。

●2月10日
米谷奈々未 卒業。

●2月27日
8thシングル『黒い羊』リリース。

●4月4日〜6日
『欅坂46 3rd YEAR ANNIVERSARY LIVE』(大阪フェスティバルホール)開催。

●4月20日〜28日
2期生『おもてなし会』を大阪(丸善インテックアリーナ大阪)、東京(武蔵野の森総合スポーツプラザ)で開催。

●5月9日〜11日
『欅坂46 3rd YEAR ANNIVERSARY LIVE』(日本武道館)開催。

●7月5日～7日　『欅共和国2019』（コニファーフォレスト）開催。

●7月30日　長濱ねる 卒業。

●7月31日～8月11日　ザンビプロジェクト第5弾、『ザンビ THE ROOM 最後の選択』（渋谷ヒカリエ）上演。

●8月14日　2ndライブDVD・BD『欅共和国2018』リリース。2作連続でオリコン週間ランキング2部門の初登場1位を記録。

●8月16日～9月6日　『欅坂46 夏の全国アリーナツアー2019』を4会場・10公演で開催。

●9月18日～19日　夏の全国ツアー追加公演で初の東京ドーム公演を開催。

●11月21日　欅坂46初のコラボカフェを東京、大阪、名古屋にオープン。

●12月31日　『不協和音』で第70回NHK紅白歌合戦出場（4年連続4回目）。

2020年

● 1月23日
織田奈那・鈴木美愉・平手友梨奈 卒業。

● 1月29日
欅坂46初の東京ドームコンサートDVD・BD『欅坂46 LIVE at 東京ドーム ～ARENA TOUR 2019 FINAL～』リリース。合算での初週売上げ9万9,000枚。3作連続でオリコン週間ランキング2部門で同時1位を記録。

● 2月16日
「坂道研修生 配属発表」SHOWROOM配信で、欅坂46新2期生6名が加入。

● 3月31日
長沢菜々香 卒業。

● 5月29日
新型コロナウイルスの影響で7月開催予定の『欅共和国2020』中止を発表。

● 7月16日
初の無観客ワンマンライブ『KEYAKIZAKA46 Live Online, but with YOU!』を配信。このライブで「10月開催のラストライブで欅坂46としての5年間の歴史に幕を閉じ、新しいグループ名で再出発する」ことを宣言。

● 8月12日
DVD・BD『欅共和国2019』リリース。

● 8月21日
欅坂46ラストシングル『誰がその鐘を鳴らすのか?』配信限定リリース。

● 9月4日
公開が延期されていた欅坂46初のドキュメンタリー映画
『僕たちの嘘と真実 Documentary of 欅坂46』が5ヶ月遅れで公開。

● 9月20日
午後9時——
東京・渋谷のスクランブル交差点街頭ビジョンで、新グループ名『櫻坂46』を
サプライズ発表。

● 9月30日
石森虹花 卒業。

● 10月7日
欅坂46初のベストアルバム
『永遠より長い一瞬 ～あの頃、確かに存在した私たち～』リリース。

● 10月11日
冠番組『欅って、書けない?』最終回。

● 10月12日〜13日　欅坂46ラストライブ『欅坂46 THE LAST LIVE』（国立代々木競技場第一体育館）を無観客配信ライブで開催。欅坂46としての活動を終了。

● 10月13日　佐藤詩織 卒業。

これより櫻坂46

● 10月14日　櫻坂46として始動。

● 10月18日　『そこ曲がったら、櫻坂?』（テレビ東京）リニューアルスタート。

● 11月16日　第71回NHK紅白歌合戦 櫻坂46として初出場決定。欅坂46時代から5年連続・5回目の出場。

● 12月8日　『櫻坂46 デビューカウントダウンライブ!!』（東京国際フォーラム）ライブ・ビューイングで開催。

● 12月9日　1stシングル『Nobody's fault』リリース。
楽曲選抜の新システムと表題曲の〝櫻エイト〟システムを採用。

● 12月27日　『COUNTDOWN JAPAN 20／21』出演(EARTH STAGE)

● 12月31日　第71回NHK紅白歌合戦出場。

and more……

目次

櫻坂46
sakurazaka

〜櫻色の未来へ〜

1st Chapter

櫻色の花びらたち

Members of SAKURAZAKA46

〝超潔癖主義〟上村莉菜への絶対的な信頼

2020年はまさに新型コロナウイルス一色の1年だった。
某ワイドショーによると、日本で初めて新型コロナウイルスのニュースが報じられたのは1月4日。
「その1月に平手友梨奈、織田奈那、鈴本美愉の卒業が運営から同時発表（23日）されました。彼女たちはそれぞれ欅坂46の象徴、メンバーの精神的な支柱、パフォーマンスの鑑であり、ファンもメンバーも〝肺炎どころの話じゃない〟とあわてふためいたのも当然。さらに坂道シリーズ全体が握手会やイベント、コンサートを中止せざるを得ない感染の広まりと自粛要請によって、新たな動揺が広まっていったのです」（テレビ東京関係者）
続々と公表される人気アイドルやタレントのコロナ感染。ＰＣＲ検査で陽性反応が出てしまうと、たとえ無症状でも陰性になるまでは仕事に復帰することが出来ない。しかも周囲のメンバーやスタッフが濃厚接触者に認定されてしまうと、彼らもまた一定期間の外出禁止と経過観察を求められてしまう。

「上村莉菜のように、ファンの間から〝絶対的な信頼〟を寄せられるメンバーもいます。何があっても上村だけは〝罹るハズがない〟と。それは彼女の超潔癖主義に根拠があるようです」（同テレビ東京関係者）

3年ほど前、上村莉菜は当時の『欅って、書けない？』でジュースやお茶のペットボトルの「回し飲みが出来ない」ことをカミングアウトし、スタジオのトークを盛り上げたことがあった。

しかしペットボトルの回し飲みを嫌がる人は多く、それだけで潔癖症とは言えまい。

「彼女はペットボトル以外にも、スイーツを〝ひと口ちょうだい〟と頼まれても断るし、自分からもしないといいます。その場で〝ケチだな～〟の空気を感じた時は、ひと口ではなく自分の食べかけをすべてあげるのだとか。**『本当は自分が口をつけたものをあげるのも嫌で、それを他人が食べる姿も見たくない』**――そうですが、ケチとまで思われるぐらいならそうするしか仕方がないのだと（苦笑）」（同前）

確かに〝自分の食べかけを他人が食べる姿を見たくない〟とまで言うのであれば、それは〝超〟が付く潔癖症に近いだろう。

「このトークが〝広がる〟と見た土田（晃之）さんが〝鍋は？〟と尋ねると、上村は**『先に自分の分を取って終わりです』**――と返し、さらに澤部（佑）さんが〝じゃあ雑炊は？〟とたたみかけると、いかにも嫌そうな顔で**『絶対無理』**――と答えました。その表情は〝もしや家族の間でも⁉〟と想像させるほど、リアクションとしては高得点でしたね」（同前）

この回のオンエアで「上村莉菜＝潔癖症」の図式が成立したわけだが、ファン理論でいうと「そんな彼女が今のご時勢で飲食店に行き、マスクを外して喋りながら食事をする姿は想像出来ないし、あり得ない」となり、安心安全を保証されているようだ。

上村も——

『ファンに信頼されるのは、どんなことでも嬉しい』

「とはいえ、いくら感染予防対策がなされていたとしても、現場で感染するリスクもゼロではありません。上村が超が付く潔癖症だとしても、メンバーみんなが同じ環境にいるのですから」（同前）

——と話す。

一日も早く握手会やイベント、コンサートを再開することが出来るように、しっかりと感染対策をし、終息に向かうよう努力していこうではないか。

そう、上村莉菜を見習って！

『こち星』パーソナリティへの尾関梨香の想い

初代パーソナリティ・平手友梨奈、2代目・長濱ねるに続き、ニッポン放送『櫻坂46 こちら有楽町星空放送局』3代目パーソナリティを務めるのが尾関梨香だ。

ラジオ番組はテレビ番組と違い、比較的容易にレギュラー番組を獲得することが出来る。

それゆえ、それこそ昭和から平成、令和と売れっ子アイドルの大半は〝テレビでは見なくてもラジオで声を聞ける〟のがファンの楽しみでもあったのだ。

「中でもグループアイドルがメンバー同士で出演する際には、テレビや雑誌のインタビュー記事ではわからないメンバー同士の関係性、ホットな裏話が明かされることも多く、聞き逃せない必須アイテムといえるでしょう」（ニッポン放送関係者）

ファンはラジオで仕入れたネタを次回の握手会で話し、直接、本人とそのネタで盛り上がる。

これもまたファンとメンバーが〝秘密を共有〟するためのアイテムにもなっている。

「尾関はキャラクター通りにトークの内容も面白いので、ファンはラジオアプリを使って何回も繰り返し聞いているといわれています。しばらくは直接会う握手会は行われませんが、オンラインの〝ミーグリ〟でも『ラジオのネタで盛り上がる』――と本人は話していました」（同ニッポン放送関係者）

この秋に尾関が番組で明かした〝日記ネタ〟は、いまだにオンライントークで多くのファンが触れてくれるそうだ。

「家族で自宅の大掃除をしたところ、尾関が幼稚園児の頃にお母さんが代筆した日記が出てきた話です。彼女はそれをスタジオで読み上げながら、お兄さんとの思い出に触れました」（同前）

当時は幼稚園児でまだ字が書けなかった尾関の話を、母が代筆した日記だった。

2003年9月10日、尾関は歯科医院に行く前に兄から「お尻がプリティ」と言われ、大泣きしたというエピソード。

さらにそこには絵日記風に、兄の「お尻がプリティ」という吹き出しと、泣いている尾関の側を走り回る絵が。

これは尾関本人のキャラクターというよりも、むしろ母のセンスあっての〝ネタ〟という気もしないでもないが……。

「今年の10月には、同じ誕生月の小林由依がゲストで出演し、『誕生日当日はだいたい仕事をしていて、気づいたら誕生日が過ぎていた』――など、芸能人〝誕生日あるある〟を話しながら盛り上がりました。普段テレビのレギュラー番組ではそんなトークが放送されることはありませんからね」（同前）

いわゆる〝尾関語録〟でも――

『ハタチ超えてからはめっちゃ早い。
私、気づいたら23（才）まで飛んでたもん。
「21とか22とか、何してたかな？」――っていうぐらい飛んでた』

――と語った尾関梨香。

『若さを貫いてくださいね。
まだ若いから』

――と、21才の年令を気にする小林を励ますなど、随所に彼女の優しさが溢れるトークだった。

『やっぱり『こち星』はメンバーとフリーで話せるから楽しいですね。

普段、番組でそんな機会はもらえないじゃないですか。

たまに「楽屋トークのまんまじゃん!」とツッコまれることもあるけど、
私はその楽屋トークを通して、もっともっとメンバーのことを知ってもらいたいんです。

だってそれぞれの〝素〟や〝本性〟が出るのって、ほぼ楽屋にいる時ですから(笑)』

高校3年生で欅坂46オーディションに合格し、大学に進学をしてアイドル活動と両立させた尾関梨香。

コロナ禍に襲われる直前に大学を卒業、当時の欅坂46にとってはコロナ禍のステイホームが——


『逆にじっくりと自分自身と向き合える』


——と、最初にメンバーの背中をポジティブに押したのは彼女だという。

そんな尾関の前だからこそメンバーも、マイクの存在を忘れ、本音を明かすのではないだろうか。

小池美波が目指す〝グラビアセンター〟

小池美波が2017年4月クールからアシスタントを務めるMBSラジオ『ザ・ヒットスタジオ（火曜日）』も、レギュラーになってから間もなく丸4年。

文化放送出身のフリーアナアンサー・吉田照美との掛け合いもすっかり板につき、今や「ベテランパーソナリティのように安定した喋り」と絶賛されるほど、ラジオの世界が水に合っていると評判だ。

「（吉田）照美さんは文化放送の若手アナウンサー時代に突撃リポーターで人気になり、その後は深夜放送から昼夜の平日帯番組、土曜日のワイド番組などあらゆる時間帯で高聴取率を誇ったラジオ界のカリスマ。最近はお笑い芸人やタレント、アーティストのラジオ番組に人気が片寄っていますが、いわゆる社員アナウンサーがラジオの中心にいた頃の、昭和の元スター局アナです。そんな照美さんと対等に昭和の歌謡曲について語れること自体、彼女の世代では奇跡的な情報量。近い将来、小池さんがメインパーソナリティの歌謡番組が始まっても驚きません」（ラジオ構成作家）

小学2年生から本格的にダンスを始め、小学6年生で〝みるきー〟こと元NMB48の渡辺美優紀をきっかけに、アイドルにハマったという小池美波。

やがて乃木坂46ヲタクから欅坂46の1期生オーディションを受けるのだが、今でもアイドル側よりもファン側の心理に近く、それゆえファンサービスにも定評がある。

「もともと、乃木坂46の2期生オーディション以降は、坂道シリーズの女性ファンが応募してくるパターンが増えています。ひと言で括ってしまえば彼女もそのうちの1人ですが、世間的に言う〝ガチのアイドルヲタ〟でもなかったので、ファンに対しても適度な距離感を保っている。一見、壁がありそうに感じるものの、近寄ってみれば誰でもウェルカム。その絶妙なバランスで握手会の上位人気をキープしてきたのです」（同ラジオ構成作家）

今後は器用なタレントとしてもやっていけそうな小池だが、実は櫻坂46に改名して以降――

『本格的なグラビア進出を始めてみたい』

――と希望しているそうだ。

「櫻エイト、それもセンターの真後ろで〝裏センター〟を任された彼女は、デビューに合わせて少年マンガ誌の表紙と巻頭グラビアを飾るなど、より露出が増えています。もともと、今泉佑唯と長濱ねるの欅坂46所属時代を含めても、ソロ写真集を出しているメンバーの1人。つまり以前から小池さんのグラビア需要は高かったのです」(同前)

上海で撮影された小池美波のソロ写真集『青春の瓶詰め』は、オリコン週間BOOKランキング写真集部門で2週連続の1位を獲得。

当時、本人は――

『私の写真集が1位を獲れなかったら、

「この先、誰も続けなくなる(※出版できなくなる)かもしれない」

……っていうプレッシャーは、シングル曲で平手の代理センターを務めた比じゃなかった』

――と苦笑いしていたそうだ。

しかし、その写真集の制作過程で、

『欅坂46に入ってから、自分が主役になる快感を初めて味わえた』

――ことも、〝グラビアに力を入れていきたい〟モチベーションの一つになったに違いない。


『今回、(森田)ひかるの背中を2列目から支えるポジションを頂き、グループに対する意識が変わったのは事実です。

欅時代は真ん中に1本の柱(※平手友梨奈のこと)が立っていて、私たちはその周りで柱を支えながら団結することが役割でした。

でもこれからはきっと柱も次から次に形を変えるだろうし、柱に頼ってばかりの自分たちじゃいけない。

1本ではなく〝26本の柱〟を立てる意識じゃないと生まれ変われません』

メンバーそれぞれが自分の柱を立て、26本の柱で強固なグループを作るのだ。

『一度、欅坂46の9ｔｈシングルで選抜に落ちて、そのシングルが発売中止になった時、残念な気持ちよりもどこかホッとした自分がいたんです。

それはすごく恥ずかしいことで、そんな自分にケリをつけるためにも、櫻坂46の小池美波は貪欲に仕事をしたい。

「今回、デビュー曲の裏センターで頂いたチャンスを形にし、結果を残すにはどうすればいいのだろう？」――と考えた時、〝私の柱は中身がギュッと詰まるようにしなければいけない〟――と。

だから次のチャレンジとして、グラビアに力を入れたいんです』

個性豊かなメンバーが揃った櫻坂46の中では、一見、小池美波には貪欲さよりも穏やかでおっとりとした、優しい空気感を纏っているように感じる。

もちろんそれは実際の彼女そのものなのだが、だからこそ彼女は貪欲に立ち上がろうとしているのだ。

〝裏センター〟だけではなく、表の〝グラビアセンター〟になるために――。

小林由依を〝女優〟として成長させた映画初出演

11月13日から公開された映画『さくら』で、映画初出演を果たした小林由依。
一家のヒーロー的存在である長男の交通事故死をきっかけに運命が大きく変わる長谷川家の3兄妹と、どんな時も変わらずに家族に寄り添う愛犬〝サクラ〟の姿を温かな眼差しで描いた作品で、3兄妹役は物語の主人公である次男を北村匠海、末っ子の妹を小松菜奈、亡くなってしまった長男を吉沢亮が演じ、小林は小松演じる長谷川美貴に初めて出来た友人、大友カオルを演じた。
当初、小林は――

『ご一緒させて頂いた皆さんが、今までずっと映画やテレビで見てきた方たちだったので、「私がここに入って大丈夫なの?」……とすごく緊張しましたね』

――と、照れくさそうに語っていた。

特に彼女が演じたカオルが関西人で、ずっと関西弁を使わなければならなかったことが難しかったそうだ。

『小松さんはじめ出演者の皆さんに緊張して、関西弁を上手く喋れるかでも緊張して（苦笑）』

――と言う小林だが、一方では、

『正直、今回は何とか顔と名前を覚えて頂けた程度だと思うんですけど、実際にお会いした小松さんのオーラ、役の人物として生きている凄みを体感することが出来たのは、間違いなく私の財産になりました』

――と、大きな手応えも感じていたようだ。

『私の芝居が成長したかどうか自分ではわからないんですけど、役を演じる上での姿勢は特に勉強になりました。

自分が演じる人物のことをしっかりと考え、その人物に寄り添いながら作品の中で生きていく。

それがすごく重要で、そう簡単には自分のものにはならない、本当に難しいことだと実感しました』

櫻坂46のメンバーとして活動している自分は、周囲のファンやスタッフに〝ゆいぽん〟として認知されている。

その安心感はとても心強いし、居心地がいい環境ではあるけれど、今回の『さくら』のように、たった1人で現場に放り込まれた時、自分には何が出来て、どこをアピールすればいいのか……。

小林は――


『どの現場でも、「ちゃんと1人で自分の存在を伝えられるか?」が重要だと感じました。

これからは、そういうことをきちんと伝えられるようになりたい』

――と、そこで得た経験を糧にしている。

『今、櫻坂46として新たなスタートを切ったタイミングだからこそ、
自分の中に〝個人〟として確立した軸や芯が欲しいと思っているんです。
ファンの皆さんの評価が怖いですけど（苦笑）、
「その軸がお芝居になればいいな」――と思ってます。
特にこれから櫻坂46はメンバーも次第に増えていくと思うので、
今の26人が36人になっても46人になっても、自分のセールスポイントがお芝居であれば、
私は堂々とメンバーの先頭集団で走ることが出来る。
「小林由依を使ってみたい」――と言われる女優になりたいですね』

2020年1月クールの連ドラ『女子高生の無駄づかい』（テレビ朝日）に単独で出演した際には、
かつて『徳山大五郎を誰が殺したか？』（テレビ東京）でうっすらと感じていた〝演じることの楽しさ〟を
改めて感じていたという小林由依。
欅坂46に加入した当時は――

『お芝居は〝見るもの〟であって、そこに自分の居場所はない』

どこか他人事のように眺めていた。

しかしグループで初めて出演した連ドラの撮影現場で楽しさを覚え、視聴者としてドラマを観ている時も〝気づけばいろいろな俳優さんたちの演技を、それまでとは違った目線で見れるようになった〟ことから、演技に対する意欲が強まったのだと明かす。

『変な意味じゃなく、
次に出演することが出来たら、グループ全員が出演するドラマじゃなくて、
小林由依が単独で呼ばれる作品で頑張りたい。
周りを見ればメンバーがいて、その安心感の中でお芝居をしても、
きっとそんなに成長することが出来ないと思うから』

次に小松菜奈と共演した際には、「ゆいぽんの芝居、好きだな。連絡先とか交換しない?」と声をかけてもらえるように。

今回出演した映画『さくら』で、小林由依は〝女優〟として確実に成長したようだ——。

〝同志〟に託された願い、齋藤冬優花の誓い

齋藤冬優花は櫻坂46 デビューカウントダウンライブで――

『たくましい同期と最高の後輩に囲まれて、
自分が今ここにいられることが本当に幸せです。
そんなメンバーやファンの皆さんに恩返しができるように、
今後も頑張っていきたいと思います』

――と語り、新たなる門出を誓った。

『私が櫻坂46にいることで「安心する」「頼りになる」とメンバーに感じてもらえるような、そんな存在を目指しています。

個人的にはもっと自分を追い込んで実力を上げなきゃいけないんですけど、それはある意味では二の次で、まずは自分のことよりも頑張りすぎて苦しんでいる、辛そうな同期や後輩に気づいてあげたい。

だって気づいて話を聞いてあげないと、解決法も見つからないじゃないですか』

まさに〝縁の下の力持ち〟宣言とも受け取れるセリフだが、それは卒業したメンバーから託された役割でもあるという。

「10月に行われたLAST LIVEで卒業した、佐藤詩織に頼まれたようですね。齋藤と佐藤は五十音順でずっと隣で、しかも楽曲のポジションも近い〝同志〟だった。お互いに〝心の支え〟というべき存在で、しかし佐藤は本格的な絵の勉強のために卒業する。その佐藤が齋藤に〝ふーちゃんなら出来る〟と託した願いが、新しく生まれ変わる櫻坂46で『誰よりも頼れるメンバーになって欲しい』――だったのです」（テレビ東京関係者）

パフォーマンスには定評があり、その佐藤や卒業した鈴本美愉らが在籍していた頃、いつもＫ－ＰＯＰアーティストの動画を研究していたという齋藤。

『Ｋ－ＰＯＰは激しい振りやキメが〝揃っていて当たり前〟で、
それは単なるテクニックがなせる技ではなく、〝＋αの何か〟が必要なんです。
でもその何かがわからなくて、
いつもダンスが好きなメンバーで集まってはあーだこーだ言っていた。
周囲からは一見無駄に見えるかもしれないけど、
今はその時間があったお陰で見えたものがたくさんある。
私はそういう、みんなで集まって一つのことを突き詰めるみたいな、
意思の疎通を普段からどんどん図るべきだと思うんです。
先輩後輩関係なく』

彼女のその意欲は、7月、10月、そして12月に行われた無観客配信ライブをきっかけに生まれた。

『ライブ会場に来てくださる皆さんは、よほどステージから近くない限り、推しの細かな表情を肉眼で見ることが出来ません。

でも配信ライブは全体のパフォーマンスをフィックス（※固定画面）で映すよりも、個々のメンバーをアップで捉えるシーンのほうが全然多かったんです。

そうすると同じ楽曲でも、それぞれの解釈の違いが表情に表れることに気づいた。

「個々の個性を大事にしつつ、でも基本的な解釈を共有すれば、もっといい表情、パフォーマンスに繋がるのではないか」

私はそう考えて、

「そのためにはもっと深くメンバーを知るしかない！」

――と決めたんです』

メンバーを理解すれば、辛かったり苦しかったりする時の変化を見逃さない。

『櫻坂46は誰か一人のためにあるんじゃない。
全員が一つになるために、みんなが主役になるためにあるんです。
私はそこで、「やるべき役割を全うする」――って、
佐藤詩織に誓いました』

グループを去っていった〝同志〟に託された願いと、それに応えようと誓った彼女の想い。

齋藤冬優花の変化、いや〝進化〟を楽しみに見守ろうではないか――。

キャプテンとして勝負を賭けた菅井友香の〝舞台出演〟

菅井友香が舞台で初ヒロイン（主演）の座を射止めたのが、2020年1月30日から2月12日まで東京・新国立劇場中劇場で、2月22日から24日は大阪・COOL JAPAN PARK OSAKA TTホールで上演された『飛龍伝 2020』だ。

ニッポン放送が開局65周年記念イベントとして開催した『つかこうへい演劇祭 - 没後10年に祈る - 』の一環で、新型コロナウイルスで様々な公演、コンサートの中止が始まる、まさにギリギリでの上演だった。

『飛龍伝』はつかこうへい氏の代表作の1つで、学生運動が盛んだった1970年代を舞台に、全共闘の女性委員長に祭り上げられた女性闘士・神林美智子と、敵味方それぞれ彼女に関わる2人の男性との愛憎を描く物語。期待の若手女優が大きなステップを踏み出す登竜門的な作品として有名だ。

「しかし劇中、紅一点のヒロインの濃厚なキスシーンや胸を揉まれる抱擁シーンでも知られていて、出演するのは尻込みしたくなるのが普通。それを現役アイドル、しかも当時の欅坂46屈指の人気メンバーの1人、菅井友香が演じるにはかなりの勇気が必要だったはず。彼女は『**自分の殻を破って全身全霊で挑ませていただきます！**』――と意気込みを語り、当時の欅坂46の閉塞感を打ち破るためにキャプテンとして勝負を賭けたのでしょう」（ニッポン放送関係者）

今から30年前の1990年に上演された『飛龍伝'90 殺戮の秋』で、初代ヒロインを務めたのは富田靖子。それ以降、2代目・牧瀬里穂、3代目・石田ひかり、4代目・内田有紀、5代目・広末涼子、6代目・黒木メイサ、7代目・桐谷美玲と、この作品をきっかけに飛躍した女優陣が並ぶ。

今回の『飛龍伝 2020』で、初めて現役アイドルとして菅井友香に白羽の矢が立ったのだ。

「**菅井は言うまでもなく乗馬や馬術をたしなむお嬢様で、**そんな環境で育った彼女にはかなり酷な役だったと思います。それでも彼女は『**つか先生の代表作に初出演、初主演するチャンスは一生に一度しか回ってこない**』――と、出演を即答したと聞いています」（同ニッポン放送関係者）

製作サイドは当時の欅坂46が持っていたレジスタンス的な世界観を、「欅坂46キャプテンの菅井さんが、全共闘を率いるヒロインを演じるのはシンボリック。お嬢様から全共闘に身を投じる神林にも重なるものがある」と説明し、その起用理由を明かしている。

菅井は――

『偉大な女優の皆さまが演じられてきた、伝説のヒロインで初主演。
感謝の気持ちと共に、大きな責任を感じています。
若者の叫びを通し、現代を生きる皆さまに希望の光を見つけて頂けるよう、
自分の殻を破って全身全霊で挑ませていただきます!』

――と、公式にコメント。

これには彼女のファンも、その気持ちを尊重するしかなかっただろう。

「菅井とラブシーンを演じる機動隊隊長役の石田明(NON STYLE)、全共闘作戦参謀役の味方良介は、共に近年の〝つか作品〟の常連役者。それゆえ作品が持つテーマや世界観についても、菅井は『私が必死について行けば何とかなる』――と、稽古を通して信頼関係を築いたようです」(同前)

小林由依が連ドラや映画に進出し、菅井友香は初舞台で存在感を魅せつける。

櫻坂46の2021年、この2人の女優が外の世界に飛び出す時、欅坂46時代とは違う〝新たな変革〟がもたらされることだろう。

土生瑞穂に自信をつけさせた〝苦手克服術〟

『そこ曲がったら、櫻坂?』では新2期生の大沼晶保、増本綺良が暴走キャラでMCの2人にハマっているように見えるが、土田晃之と澤部佑が『欅って、書けない?』時代から変わらず、「ここぞ」という時に頼る〝ポンコツキャラ〟は、今も決まって土生瑞穂である。

「むしろ以前よりも今のほうが、土生をオチに使いたがってますね。大沼と増本は確かに面白いキャラをしていますが、2人(土田、澤部)から見ればまだまだ〝飛び道具〟の一つ。予想がつかないリアクションのほうが多いので、土田さんも澤部くんもスタッフとの打ち合わせでは〝信頼の土生〟と呼んでいます」(テレビ東京関係者)

当然だが土生は、バラエティ志望で欅坂46の1期生オーディションを受けたわけではない。

番組スタート当初から自分たちの冠番組に消極的で、オンエア上、ひと言も喋らないで終わる回も少なくなかった。

『自分なりには頑張っていたつもりでも、オンエアを見たら私が発言しているシーンどころか、アップで抜かれるシーンがまったく放送されないこともありました。いくらバラエティが苦手でも、スタジオにいるのに〝いない体〟になっているのは、やっぱり悔しかった』

当時、土生は思い余ってMCの2人に相談したことがあるという。

『「誰かの真似をして（編集で）切られないようにするんじゃなく、収録のたびに自分の発言をちゃんと覚えておいて、それが切られたら〝あの発言はダメだったんだな〟と通知表をつければいい。そうすると編集で切られない〝土生だけのスタイル〟が出来上がるから」
――と教えてくださったんです。
その逆転の発想は、ただ番組に出ているだけじゃ学べなかった』

――目から鱗のアドバイスをもらい、相槌やガヤのリアクションをモノにしていったのだ。

「今でいえば2期生の松田里奈が、意識してガヤを入れまくっています。視聴者にすれば上手な相槌が入れば見ている側の気持ちも入り込むし、短く的確なガヤにはつい吹き出してしまう。内向的なメンバーが多い櫻坂46では、ガヤ担当は番組には絶対に欠かせない存在。さらに土生の場合、そこで得た自信が本来の目標であるモデル活動にも良い影響をもたらせています。番組で自信をつけ始め、積極的なリアクションで前に出ることを覚えると、自然に背筋がシャンと伸び、姿勢が良くなっていったのです。特に自信のない時は『面白いことも言えない。デカいだけで取り柄がない』……と自分で思い込んでいたせいで、ひな壇でも背中を丸めて座り、ますます見映えが悪くなるばかりだった。それが自信と共に真っ直ぐ胸を張れるようになったので、一般視聴者の目に止まるようになったのです」（同テレビ東京関係者）

そんな彼女の堂々とした振る舞いは、今や後輩たちの憧れの的であり、〝頼れるアネキ〟として何人もの相談に乗っているそうだ。

『関ちゃんとか璃子ちゃんとか、2期生の中でも背が高くて手足が長いメンバーは、だいたい私と同じ悩みを抱えていましたね。

背が高いからフォーメーションの見た目がデコボコになるし、手足が長い分、早い振りがどうしても遅く見えてしまう。

自分では同じスピードで踊っているつもりでも、動く距離が長い分、テンポが遅くなっちゃうんです。

特に欅坂46時代はダンスの激しさがグループのセールスポイントだったから。

でもそれも克服法はバラエティ番組と同じ。

〝自分の弱点をどうすれば長所に出来るか?〟

――まずそこから2人の悩みをほぐしていきました』

現在、櫻坂46のメンバーで有名女性ファッション誌の専属モデルやレギュラーモデルを務め、自他共に〝モデル〟と呼べる活動をしているのは渡邉理佐『non-no』、渡辺梨加『LARME』『Ray』、小林由依『with』、そして土生瑞穂『JJ』の4名だ。

「〝オシャレに敏感、ブログで公開する私服の自撮りも評判〟だけでは、雑誌モデルに採用されることはありません。そこにプラスアルファされる魅力を、バラエティ番組やステージから感じてもらわなければならない。モデル志望の関と松平から土生はそちらの相談もされました」（同前）

土生は彼女らに――

『〝モデルになりたい〟とアピールすることは大切だけど、普段の活動に全力で取り組むことがもっと大切。誰がどこで見てくれるか、気づいてくれるかは、単純だけど、そこで決まる』

――とアドバイスしたそうだ。

すべての始まりは、冠番組での苦手克服術だった。

土生瑞穂はそこで課題を一つクリアし、努力が結果に繋がる〝楽しさ〟を知る。

彼女の仕事に対する意識は、その楽しさによって変革を遂げていったのだ。

〝再出発〟に誓う原田葵の胸の内

2018年5月から2019年7月まで、大学受験のためにアイドル活動を休止していた原田葵。
「今年はコロナ禍で卒業式や入学式が取り止めになったり、緊急事態宣言が新学期のスタートに影響を与えたりはしましたが、少なくとも大学に進学して当時の欅坂46に復帰するつもりがあれば、その意思表明だけでもすぐに行うべきでした。ファンは〝戻ってくるの？ 来ないの？〟とヤキモキさせられるばかりで、そのせいかSNS上には無責任な噂が流れていましたからね」（人気放送作家）
確かに復帰が7月までズレ込むと、様々な憶測を呼んでしまっても仕方がない。
それでも笑顔で「お帰りなさい！」と喜んでくれたファンに、原田葵は感謝してもしきれないと語る。

『自分の責任なのにこんな言い方は申し訳ないんですけど、
普通に見切りをつけて推し変されても私の立場じゃ怒れない。
それでもついて来てくださった皆さんには、絶対に〝良い景色〟を見せたいと思います』

休業から復帰した時は、1年以上もアイドルの現場から離れていたことで――

『少しは戸惑うかな？』

――と考えていた原田。

しかし、いざデビューシングルの制作に入ると――

『久しぶりだから新鮮なことも多くて、一つ一つ思い出しながらペースを掴みました。
でも以前とは違う雰囲気の中で新しいことに挑戦していると、
改めて「再出発が出来るんだ」――と気持ちが引き締まりました』

――と言う。

「番組を見ていると、休業前に比べて一歩引いているというか、自分が前に出る前に〝周りを活かしたい〟と考えているような、そんな意図を感じます」（同人気放送作家）

デビューカウントライブでは――

『デビューカウントダウンライブという大切な時間を、ファンの皆さんと共有することが出来て、とてもありがたく、嬉しく思っています。櫻坂46が、明るく夢や希望に溢れるグループとなれるよう、これからも精一杯頑張るので応援よろしくお願いします』

――と、エンディングで挨拶をした原田葵。

新2期生とは復帰してからちゃんと対面したが、想像以上に『欅って、書けない？』『そこ曲がったら、櫻坂？』で存在感を感じるそうで、いかにも頼もしいメンバーが揃ったと明かす。

『私が休業していた1年ちょっとの間、
グループも自分自身も思うようにいかないことが多かったし、
その思うようにいかない原因も、
「一番は当事者の私たちにあるんだな」――ということを痛感したんです。
自分たちが変わって頑張ることでしか、番組を盛り上げることが出来ない。
それは新2期生が加わってくれたことでの化学反応で、
1期生と2期生に「頑張ろう」と思える刺激を与えてくれたんだと思います』

また原田は櫻坂46のグループカラーが〝白〟だからこそ、素直に頑張るモチベーションに繋がったとも語る。

『何のイメージもない状態なので、ファンの皆さんと一緒に素敵な色に染めていきたい。
個人個人が自分のやりたいこと、目標、夢、限界に挑戦して輝くことで相乗効果が生まれ、
より良いグループになれると思います。
もちろん個人だけではなく、
グループとしても今までやったことがないことに挑戦していきたい。
世界中が健康な世の中になったら、
海外のファンの皆さんの前でパフォーマンスをお見せしたいですね』

その日はそう遠くないかもしれない。

原田葵の胸の内を聞くにつれ、櫻坂46の輝ける未来の輪郭が、クッキリと見えてきたのだから――。

守屋茜が平手友梨奈を見守ってきた〝目線〟

2020年9月4日、欅坂46のドキュメンタリー映画『僕たちの嘘と真実 Documentary of 欅坂46』が全国公開された。

この時、すでに7月に行われた欅坂46初の無観客ライブ『KEYAKIZAKA46 Live Online, but with YOU!』で、10月7日リリースのベストアルバム『永遠より長い一瞬 ～あの頃、確かに存在した私たち～』、10月12日と13日に東京・国立代々木競技場第一体育館で開催されるLAST LIVEをもって、欅坂46としての活動に幕を下ろすことが発表済みだったこともあって、ファンの反応が大いに気になるところであった。

「副キャプテンの守屋茜は〝本音を言うと――〟と前置きし、『もし私がずっと欅坂46を応援してきたファンだったとしたら、最後の姿はLAST LIVEで見送れるわけで、〝僕たちの嘘と真実〟は自分の中の理想が壊れるなら知りたくないかも』――と複雑な表情を浮かべていました。そして概ね、1期生の本音は守屋に近かったと思いますよ」（テレビ東京関係者）

確かにもう欅坂46でなくなるのならば、最後にわざわざ舞台裏を明かすことにどれほどの意味があるのか?……考えずにはいられないだろう。

メンバーもこの〝Documentary of~〟シリーズがどういうものかは、乃木坂46版やAKB48版で知っているので、自分のファンに見せたくないシーンもある。

それでも守屋は当時『公開までに2回見させてもらった』そうで――

『映画は自分たちが歩んできた道のりを追って構成されているので、最初に見た時は序盤からウルっと来てしまいました。2回目は落ち着いて見られましたけど、やっぱり感情の振れ幅が大きい作品ですよね』

――と振り返っていた。

このシリーズ定番の表と裏を追った記録映像に、メンバーが過去を回想するインタビュー映像。

わずか5年間ではあるが、その間、何人ものメンバーとの出会いと別れが繰り返され、そのたびに彼女たちは様々な葛藤を抱える。

「どうしても〝あの子〟を中心に描かざるを得ないというか、僕らの間では〝Documentary of～〟を公開すると聞いた時、タイトルを〝Documentary of 平手友梨奈〟にしたほうがいいんじゃない？……と、皮肉混じりでネタにしていました。〝卒業した平手の映画を公開する意味があるのかな？〟との疑問の声も」（同テレビ東京関係者）

作品は平手がステージの裏で抱えていた苦悩、さらにその裏にあるメンバーとの絆を中心に描き、必ずしも〝平手とそれ以外〟的な扱いではなかった。

だが結局は平手不在のツアーはメンバーに負担をかけ、むしろ蝕まれていくのは平手ではなく、平手を支えるメンバーたちのほうであったことも浮き彫りになってしまう。

渡邉理佐は作中のインタビューで、「感情を犠牲にする」という表現をしていたほどだ。

「2017年のツアーで平手が休演することになると、守屋はセンターに平手の代役を立てることに納得がいかず、（センターを）空けたままのフォーメーションを提案したそうです。それはあくまでも『メンバー全員で作り上げてきた形にこだわっていた』からで、全員選抜ゆえに『ポジションをスライドさせる意味がない』という考え方。しかし2年後のツアーでは同じように平手が休演してメンバーがスライドしても、今度は『あの時はそれぞれが与えられた場所で新たな輝きを放っていた。それが映画を通し、改めてよく見えた』――と話していました」（同前）

守屋茜が平手友梨奈に対して抱いていた想いとは――？

『平手友梨奈には私なんかじゃ思いつかないクリエイティブな才能があって、人を惹きつける力があるんです。

〝欅坂46イコール平手友梨奈〟と言えるほどグループの形を作り、常に私たちにその背中を見せてくれた大きすぎる存在。

欅坂46にいることで出来なかったこと、我慢しなきゃいけなかったこと、これからはもっともっと思う存分に弾けて欲しい。

私たち1期生から見ればずっと末っ子のままだけど、姉目線から〝母親目線〟に見守り方は変わりつつありますね』

これを聞いて安心したことが一つ。

両者の間には何のわだかまりもないということだ。

〝櫻坂46の渡辺梨加〟としての初写真集への意気込み

本書の中にも関連するエピソードが登場するが、現在、女性ファッション誌で専属ないしレギュラーモデルを務める櫻坂46メンバーは、順に渡邉理佐がnon-no誌（2017年3月〜）、渡辺梨加がLARME誌（2017年7月〜）とRay誌（2017年11月〜）、土生瑞穂がJJ誌（2018年7月〜）、小林由依がwith誌（2018年7月〜）と、いずれも書店やコンビニに並ぶ有名誌がズラリと並んでいる。

「専属モデルをやっている人間にとっての最高の栄誉は、掲載誌の表紙カバーモデルを単独で飾ることです。しかもそれが有名誌であればあるほど〝格〟が上がる。もちろん4人とも単独で表紙に抜擢されてはいますが、梨加だけがLARME誌とRay誌の2誌で単独表紙を飾っている。専属とレギュラーだから当たり前のように思われるかもしれませんが、乃木坂46でいえば白石麻衣クラスの実績に相当するのです」（出版関係者）

両誌はともに出版元が違い、コンセプトやコアなターゲット層も違う。

それゆえ〝専属〟と〝レギュラー〟の形で渡辺梨加を起用しているのだが、何も彼女だけにこだわる必要はなく、当時の欅坂46、もっと言えば乃木坂46やけやき坂46にもモデル向きの人材はいたはずだ。

それでも「渡辺梨加を使いたい」と願われたところに、彼女の非凡な才能が見え隠れしている。

「彼女は番組ではほとんど喋らず、MCの土田さんや澤部に話しかけられても〝ただニコニコしているだけ〟と思われていますが、実はその笑顔を何種類も持っているので、笑うだけで会話が成立しているのです。特に澤部さんが彼女に話しかけた時は、返ってきた笑顔の意味を代弁するかのように念を押し、言葉と笑顔で会話のキャッチボールを繋げる。その笑顔の種類、つまりは表情の豊かさに驚かされるし、ファッション誌のカメラマンも撮り甲斐のある被写体だと思います」（同出版関係者）

それは立派な〝渡辺のセールスポイント〟ではないか。

「当時の欅坂46から梨加がグループ最初のソロ写真集を出版することになったのも、運営が有名どころのカメラマンに意見をもらい、最も〝カメラマン目線での人気が高いのが梨加だったから〟と聞いています。実は『欅って、書けない？』など番組サイドのスタッフからは〝梨加は暖簾に腕押し。ソロ仕事は向かない〟と不安の声が上がっていたと聞いています。ところが彼女は写真集の撮影が決まると、誰に言われたわけでもなく撮影に向けての食事制限と加圧トレーニングを3ヶ月間ビッシリと行い、体型を美しく見せる筋肉をつけながら体重を7Kgも絞ったのです」（同前）

記念すべきグループ初のソロ写真集『饒舌な眼差し』（集英社）は、今から3年前の2017年12月に発売された。


『もしまた、今度は〝櫻坂46の渡辺梨加〟として2冊目の写真集のオファーを頂けたら、前回の自分とは違う自分を出せるように頑張りたいです。

前回の撮影はギリシャで、景色がすごく綺麗で、食べ物もどれを食べてもおいしくて、本当に楽しかったんです。

ギリシャの家庭料理、ギリシャヨーグルト、初めて味わった本物のヴァージンオリーブオイル。

私、オリーブオイルをそのまま口にして、おいしいと思ったのは初めてでした。

撮影は気温が40度ぐらいになる日もあって、中学生以来で着た水着も最初は恥ずかしかったけど、プールや海の向こうに見える綺麗な景色に見とれているうちに、恥ずかしい気持ちも消えて。

生まれて初めて自分に百点満点をあげたい仕事になりました。

だから「次は120点を目指すために、フランスなんかいいんじゃないかな」――って。

前回は水着だから、今回はシックなドレスで。

お城のホテルに泊まって、おいしいフランス料理を毎日食べたいです』

ちなみに渡辺梨加、フランスで2冊目の写真集を撮影するならば――

『ギリシャ料理よりフランス料理のほうが何となく太りそうだから、今度は10kg痩せて行きます』

――とのこと。

待てよ……ひょっとして前回の7kgダイエットも、ギリシャ料理を食べまくるためだったのか(爆)!?

ダイエットの理由はともかく(?)、〝櫻坂46の渡辺梨加〟としての写真集を見るのが、今から待ち遠しい。

渡邉理佐と欅坂46が作り上げる〝櫻色に輝く未来〟

欅坂46のメンバーとしてお披露目された瞬間から、彼女はファンの注目を集めていた。

……いや、集め続けてきた。

「単なる美少女ではない、いかにもクールな佇まい。男性ファンはもちろんのこと、女性からも圧倒的な支持を集めた17才。実際には茨城県出身で油断すると訛りが出てしまうため、あまり喋らないようにしていただけ。活動が進めば進むほどファンや周囲の期待が高まり、本当の自分とはどんどんと剥離する一方だった。それが欅坂46を代表する〝クールビューティー〟渡邉理佐の〝作られ方〟だったのです」（テレビ東京関係者）

土生瑞穂に遅れること半年、２０１６年10月8日に国立代々木競技場第一体育館で開催された『ＧｉｒｌｓＡｗａｒｄ ２０１６ ＡＵＴＵＭＮ／ＷＩＮＴＥＲ』で、平手友梨奈と共に欅坂46から2番目のランウェイデビュー。

さらに翌2017年3月21日、女性ファッション誌『non-no』創刊45周年記念イベントに出席すると、今度は土生を上回り、欅坂46から初の雑誌専属モデルに抜擢されたことがその場で発表される。

『私は西野七瀬さんに憧れていたから、同じ雑誌で専属モデルが出来ることが夢のようだった』

——という渡邉は、2018年6月号でその西野七瀬と初の表紙を務めた勢いを維持したまま、2019年4月10日に初のソロ写真集『無口』を発売。

フロリダ州マイアミからバハマのエルーセラ島へとカリブ海で撮影された写真集は初週売上げ7万3000部を記録し、その後、オリコン週間BOOKランキングで2週連続1位、2019年4月度の月間ランキングでも写真集部門で1位を記録した。

「こうしてnon-noの専属モデル、ランウェイモデル、ソロ写真集発売と〝被写体〟としてトップクラスの活躍を誇り、いわゆる外の世界でも女性ファン層を獲得した渡邉ですが、実はつい最近まで『何をやるにしても自信満々で成功する気持ちになったことはなかった』――と振り返るほど、ネガティブな性格だったというのです。確かに加入当初の彼女は、詫りにコンプレックスを持つネガティブな性格でした。しかしそれから5年、様々な大舞台を個人でもグループでも経験してなお、しっかりとした自信を掴み取っていなかったというのは逆に驚きです」（同テレビ東京関係者）

渡邉理佐はようやく今――

『non-noのカバー（表紙）を飾ることも、
いつもと違うファッションシュート（撮影）をすることも、
楽しんで出来るようになった』

――と明かす。

『これまでは「自分なんかには」「どうすればいいの」……という気持ちが先に浮かんで、やる前からビビっていたんです。

もちろんまだそんな気持ちがすべてなくなったわけじゃない。

でも今は自分の目の前が開けて、澄んで見える感じ。

7月の配信ライブで欅坂46からの改名を発表したこと、
そしてラストシングルを披露出来たことが、私の中に大きな〝決意〟を生んでくれた。

〝櫻坂46〟として歩み始め、変化してゆくことが、とても嬉しくてワクワクする毎日だから』

メンバーの口からは何度も語られることではないが、それまで活動してきた欅坂46のグループ名を変える――残酷な言い方をすれば〝捨てる〟ことについては、26名のメンバー、その間に卒業したメンバー含めて全員との複数回に渡るミーティングが行われていた。

もちろん5年間の愛着がある欅坂46の名前のまま続けていく道も模索したが、最終的には自粛期間中にそれぞれが自分自身と向き合い、「前に進むためには改名するしかない」と結論を出したのだ。

『1回リセットして、自分たちが背負っていた余計な荷物を下ろしたかった。
それまでの欅坂46は全員が窓のない部屋に閉じこもって、
それでも良い作品を作ろうともがいていた。
私も与えられたことをこなすだけで精一杯だったし、
センターを任されても喜びよりも逃げ出したい気持ちのほうが強かった。
それを本当に自覚したのは、改名が決まった直後の配信ライブの過程だったんです』

〝改名を発表する〟と決まった後の配信ライブに向けての開放感と一体感。

我々はむしろ「改名を発表するのは気が重いだろうな」と考えるが、彼女たちは違った。


『リハーサルの過程で新しい空気が入ってきたことを感じたんです。

窓が開いて、風が吹き込んできた。

ファンの皆さんのMIXじゃないけど、みんな「よっしゃ いくぞー!」みたいな(笑)』

――と語る渡邉。

遂にそこで――

『センターに立っているのが気持ちがいい』


――と、喜びを噛み締める。

これからはひたすら、自分に任されたポジションを全うしよう。

それだけを目指そうと。

『一番気持ち良かったのは、
メンバー全員が私と同じようにスッキリしていることを感じた時でしたね。

以前の欅坂46は、リハーサルをしていてもみんなの顔に不安の色が浮かんでいた。

「人は気持ちがスッキリすると、ここまで楽しめるのか?　輝けるのか!?」

――っていう驚きもありました』

これからメンバーが作り上げていく未来は『絶対にキラキラと輝いている』とも――。

『今は頑張ればすぐ手が届きそうな、ほんの一歩先に未来がある感覚。
ここから作り上げていくことが楽しみな気持ちで一杯で、
それは窓のない部屋に閉じ込められて悩んだ経験や時間も含め、
すべてがあったからこそ得られた自由。
ファンの皆さんには櫻坂46の新たな未来を一緒に歩いて欲しい。
きっと皆さんも、キラキラした私たちを好きになってもらえると思うから』

大人たちに邪魔されたくない、大人たちの世界を壊したいと歌いつつ、大人たちによって作られていた欅坂46。

新しい羽根を手にした櫻坂46は、ここから新たな世界へと羽ばたいていく。

櫻坂46が作り上げていく〝櫻色に輝く未来〟を、彼女たちと一緒に歩んでいこう――。

井上梨名が与えられた〝メンバーとの交流〟のチャンス

4月から5月にかけての緊急事態宣言を受け、自宅待機を余儀なくされたメンバーたち。
その間、当時の欅坂46のメンバーは積極的に公式ブログを更新し、さらに緊急事態宣言が明けたあとの〝ステイホーム〟期間には、各自が工夫して制作した動画をメッセージアプリで発信。YouTube公式チャンネルを含め、「何でもやれることをやらないといけない」とばかりに、ファンの皆さんを楽しませてくれた。

「副キャプテンの守屋茜などはお得意のメイクや料理、いわゆる女子力動画を発信していましたし、齋藤冬優花はダンス動画を。また2期生の武元唯衣や松平璃子は、動画は動画でも音声だけのラジオ配信を行っていました。ちゃんと一つのラジオ番組のような構成とノリで、むしろ普通の動画のほうが楽だったんじゃない?……みたいな(笑)」(人気放送作家)

そんなメンバーたちの動画を見て――

『気になる作品は今後の参考のためにチェックしていました』

――というのが、勉強家の井上梨名だ。

『私自身は、最初は〝前髪作り動画〟をドキドキしながら発信していました。ただコテを使って前髪を固めているだけの動画ですが、先輩や同期たちからはだいたい、「可愛い」「ありっちゃ、あり」「シュールすぎない?」――的な、3種類の反応が返ってきましたね』

当時も今もメンバーたちが出来ることは限られているが、だからこそ少ないツールを上手く駆使することが大切なのだ。

公式ブログやメッセージアプリでメンバーが前向きな姿を発信し続ければ、必ず想いはファンに届く。

『メンバーのメッセージ動画は私たちも見られるので、そこは「あっ、面白い。負けてられない!」——と刺激になるし、いい意味でパクリたくなる動画もありましたし(苦笑)。それが先輩の動画だったら連絡してコミュニケーションも取れるので、2期生や新2期生には〝どんだけオイシイんだ〟って企画です』

それまでは——

『中学生の頃から特定の友だちばかりと話していた。世界が狭かった』

——という井上は、欅坂46に加入したことで〝周りが全員知らない人〟の中に放り込まれ、強制的にコミュニケーションを取らざるを得ない環境で2年間過ごしてきた。

『それでもやっぱり先輩と同期、全員と満遍なく理解し合うところまではいってなかったんです。ところがものスゴく不思議なことに、この〝動画〟というアイテムが一つ増えただけで、信じられないぐらい積極的な自分が、みんなとの距離の壁を壊してくれたんです』

井上梨名の目標は〝アイドル兼女優〟だ。

言うまでもなく女優は、自分がどんな性格をしていようと、様々な職種、タイプの人間になりきらなければならない。

そのためにはもっともっと、人間そのものを知ることが必要。

この機会は井上に、メンバーとの交流というチャンスを与えてくれたのだ。

遠藤光莉が望む〝1期生たちへの恩返し〟

武元唯衣のエピソードでオーディションについて少し触れているが、中学生時代に自身が所属するダンス部で全国大会準優勝、世界大会にも出場した遠藤光莉は、坂道合同オーディションと同時期、HKT48の5期生オーディションも受けていた。

「坂道シリーズと48グループのオーディションが同時期に開催されていた場合、両者に応募することはさほど珍しくはありません。遠藤の場合はHKTでも順調に勝ち進んだため、プロフィール画像が残っていた。つまりそれだけの逸材だったという証明です」(テレビ東京関係者)

指原莉乃が卒業し、宮脇咲良と矢吹奈子を期間限定とはいえK-POPグループ〝IZ*ONE〟に奪われた(?)HKT48を袖にしたのは、まさに賢明な判断だったろう。

「そんな遠藤たち新2期生は今でこそ『そこ曲がったら、櫻坂?』で存在感を示し、笑顔で番組に参加してくれていますが、しかし坂道合同オーディションから研修生としてレッスンを始め、ほぼ1年半もの期間、ずっと中途半端な立場で3つのグループを外から見ていたことを、多かれ少なかれ心の中のわだかまりとして抱えているのです。そんなわだかまりを抱えたまま加入した彼女たちに、本来は同期の立場だった2期生たちが〝**絶対に感じさせちゃいけない**〟と歩み寄る姿は、乃木坂46にも日向坂46にもない強味といえますね」（同テレビ東京関係者）

乃木坂46の新4期生、日向坂46の新3期生たちは、配属から間もなく1年、平穏無事にそれぞれのチームで自分たちの居場所を見つけつつある。

しかし櫻坂46の新2期生は、配属直前に平手友梨奈が卒業し、7月の配信ライブで改名が発表されると、10月には欅坂46のLAST LIVE、12月に櫻坂46としての再デビューと、あまりにも激しい上下動の波に飲み込まれていたのだ。

『コロナ禍もあって、先輩たちと交流する機会もほとんどないまま、改名が発表されました。
自粛期間中、1期生の先輩たちは改名について何回もリモートミーティングをされていて、
きっと衝動的に叫びたくなるような、そんな毎日だったと思います。
私たち新2期生がその流れの中で欅坂46 LAST LIVEに出るなんて、
先輩たちからしたら「アンタら、誰?」……じゃないんだろうか?
「配信で見てればいいんだよ」……とイラつくんじゃないか?
……そんな恐怖としばらく戦う毎日でした(苦笑)』

知らなかった。
実は新2期生も精神的に追い詰められていたのだ。

『そんな私たちを気遣い、励ましてくださったのが1期生の先輩方です。
実は私、ダンス部時代にそういう先輩後輩の上下関係で嫌な思いをしていて、
でもその時の欅坂46の先輩方は、
「私たちがしっかりしていなかったから」
「ちゃんと新2期生の名前は覚えているよ」
——と、逆に信じられないほど温かい方ばかりだったんです。
そんな1期生さんたちに少しでも恩返しが出来るとしたら、
新2期生も櫻坂46のメンバーとしての誇りを持ち、
前を向いて歩き出すことしかないいんじゃいかな——って』

同じ新2期生の大園玲と並び、どこかミステリアスな魅力に溢れる遠藤光莉。

彼女本来のポテンシャルが発揮されれば、アッという間に恩返しのパフォーマンスが出来るだろう。

大園玲がメモに記す〝櫻坂46の設計図〟

まだ欅坂46にキャプテンと副キャプテンがいなかった頃、菅井友香は現場で気になったこと、気づいたこと、学んだことをノートに記し、メンバーミーティングで全員に伝えていた。

スタッフの誰かに命じられたわけではないこの自発的な行動がきっかけで、後に菅井は欅坂46のキャプテンに任命される。

「メンバーの誰もが手探りで進むべき道を探していた時、この〝菅井ノート〟が夜道を先導する提灯の明かりになってくれたのです。そして当時と今とでは状況も環境も違いますが、新2期生にとっての〝菅井ノート〟が、大園玲の〝大園メモ〟なのです」（テレビ東京関係者）

櫻坂46の1stシングル『Nobody's fault』で、新2期生から唯一の選抜入りを果たした大園玲。

彼女もまた、誰に指示されたわけでもなく、いつもメモ帳を傍らに言葉を連ねている。

『研修生の頃、ダンスの先生から――

「(この世界は) 自分からやったもん勝ち」

――と言われた言葉を大事にしているんです。

何かに迷った時はこの言葉にすがって、とにかくやる、動き出す。

みんな最初の頃はダンスの先生の教えを必死にメモして復習してますが、いつの間にか頭だけで覚えるようになる。

でもどんなに記憶力が優れていても、10教わったら1か2はあやふやにしか思い出せない。

私はそうなるのが嫌だから、みんながメモを取らなくなっても続けます。

やったもん勝ちで』

さらに彼女はこうも話す――。

『〝櫻坂46〟という新たなグループを作る、その一員になれて本当に嬉しかった』

『新しいスタートに立って、先輩に頼るだけじゃなく、自分もグループを引っ張っていける人間になりたい』

そうした強い気持ちを持ち、そのためにもメモを欠かせないのだとも語る。

『楽曲の新体制を取り入れたことで〝曲ごとに別のグループに見せる〟コンセプトがあったとしても、私たち新2期生のほとんどはまだ実力が全然追いついていません。

でも逆に言えば、そんな私たちだからこそ出来る、〝失う物がない強味〟もあると思うんです。

まだ正式メンバーになって1年も経っていない身だからこそ、先輩たちが手を出し難いチャレンジにも向かっていける。

謙虚にグイグイと、そんな意欲を持ってすれば、きっと日本を代表するグループを先輩たちと作ることが出来る。

私のメモはそのための設計図代わりでもあるんです』

そこまで断言するほどのメモなら、どんなことが記されているのか、ぜひ見せて欲しいものだ。

するど『いいですよ』と笑いながら彼女が読み上げたのが――

『私、今すごくチョコレートにハマっていて、
コンビニで売ってる商品のカカオ含有量をちゃんとメモしてるんです。
私の好みに一番合うのは、カカオが何％入っている商品か？
……ギリギリで太らない程度にカロリーも計算してます』

――だった。
それはあまり参考にはならないメモ書きだ（苦笑）。

『乃木坂46には同じ名字の大園桃子さんが先輩でいらっしゃいますけど、
私が鹿児島県の観光大使、松田里奈ちゃんが宮崎県の観光大使になって、
「南九州を櫻坂46の色で染めたいね」――と約束したんです。
そのうち福岡県は森田ひかるちゃんと関有美子ちゃんが1年交代で、
あとは佐賀県、長崎県、大分県、熊本県、そして沖縄県のメンバーが入れば、
九州沖縄完全優勝から全国制覇への夢が膨らみます!』

そう夢を語ってくれた大園玲。

九州沖縄から全国制覇へ――毎年北上する〝桜前線〟のように櫻色に全国を染めて欲しい。

"全力で前傾姿勢"で頑張る大沼晶保の握手会シミュレーション

別掲のエピソードでもお話ししているが、橋本環奈に憧れ、キラッキラの正統派アイドルを目指している大沼晶保。

今はキャラクターが先行し、土田晃之と澤部佑に「将来はマルチタレントで売れる」と才能を評価されているにもかかわらず――

『笑われるだけでは、お父さんや家族に申し訳ない』

――と、今も懸命に女子力とアイドル力を磨く毎日を過ごしている。

「その割にはデビューカウントダウンライブでの、大沼の『満開の桜を皆さんにお届け出来るように、たくさんの元気や笑顔をお届け出来るようなグループになりたい。全力で前傾姿勢で頑張ります』――との挨拶を聞くと、アイドル志向ではなくお笑い志向を感じてしまうんですけどね。普通、アイドルは〝全力の前傾姿勢〟では頑張りませんよ（笑）」（テレビ東京関係者）

本人曰く「静岡県の田舎町」出身の大沼だが、漁業を営む父は娘のアイドル活動を全面的に支援し、協力を惜しまない。

「たとえば彼女の幼少期の写真など、番組が急なお願いをしても喜んで力を貸してくれるそうです。坂道シリーズの父兄は全般的に協力的で、かつて噂で耳にした昭和期のアイドルのような、家庭内に不和や問題を抱えるメンバーはいないと思いますよ」（同テレビ東京関係者）

昭和のアイドル文化を作った諸先輩アイドルの多くは、家族の応援で夢の実現を目指すというより、むしろ家族から逃げ出して〝一刻も早く独り立ちしたい〟目的で芸能界入りする者が多かったという。

坂道シリーズは乃木坂46の清楚で純真なブランドイメージのお陰か、オーディションの応募者にもお嬢様が多いと聞く。

さらに応募者の父兄が特に気にするのは〝握手会〟に対する世間の評判で、SNSなどで目にする握手会のシステムや実態について、加入してからも問い合わせが多いそうだ。

「新2期生はまだ握手会を経験していませんが、大沼は『すごく興味があるんですよ。男女問わず、いろいろな年代の方と話してみたい』——と目を輝かせていたそうです」（同前）

大沼たち6人の新2期生は、コロナ禍で握手会を含むイベント、有観客のライブを経験していない。

それゆえ、先輩や2期生たちから握手会の様子を聞き、妄想を膨らませているようだ。

『まずはお客さんがいるライブで、ステージから見る観客席の光景はどんな感じなのか、ミックスやコールはどんな風に聞こえるのか。

研修生の時に舞台袖で見学しましたけど、眩しいぐらいのステージであの歓声をどうしても浴びたい。

そしてファンの皆さんは、握手会でどんな話をしてくださるのか、そこには何才で何をやってる何さんが来てくださるのか。

まだ全然握手会が再開するメドは立ってないけど、シミュレーションは順調に進んでますから安心してください！』

大沼晶保の言葉を聞く限り、底抜けに楽しい握手会になることは間違いなさそうだ。

幸阪茉里乃が破らなければならない〝殻〟

幸阪茉里乃は櫻坂46として新たなスタートを切ったグループについて――

『1期生さん、2期生さんと同じ場所からスタートすることが出来るのは、本当に嬉しいし幸せなこと』

――としながらも、反面……

『これからは出番が実力や人気で決まる。それを改めて覚悟しました』

――と、透明感に溢れるルックスを引き締めた。

『私は新2期生では最年少で、18才なんです。
グループの最年少は（山﨑）天さんですけど、
新2期生の括りの中では、最年少だからって甘えちゃいけない気持ちでやって来ました』

彼女の性格については別掲のエピソードをご覧頂きたいが、あえて――

『〝陰キャ〟だから根性がないとか、〝陰キャ〟だから面白くないとか、それは絶対に言わせない』

――と断言するほど、芯の強い一面も持ち合わせている。

『これは新2期生全員ですけど、研修生の時期がとても長くて、
私はまだ高校生だったから〝ダメなら学校に戻って大学を目指せばいいや〟
……みたいな逃げ道を持っていると思われるのも嫌だったんですけど、
たとえば素直に、覚えきれない振付を「教えて」とも言えなくて、
みんなきっと〝子供のくせに面倒くさい〟って思っていたと思います（笑）』

周囲を頼る、周囲を信じることがなかなか出来ないのは、確かに〝陰キャ〟の特徴かもしれない。
だから一人の殻に閉じこもるのだ。

『欅坂46のLAST LIVEの時、
新2期生の出番が少ないのは当たり前ですけどそれが悔しくて、
ボソッと「もっと出たい」――と言ってしまったんです。
そうしたら周りにいた新2期生のメンバーが「私も出たい」「私も!」と反応してくれて、
何だかジ~ンと胸が熱くなって、
「(このみんなと櫻坂46で頑張ろう)」――と心の中で誓いました』

1期生や2期生と共に前進するため、幸阪茉里乃は『まず自分を変えないといけない』と考え、
今はパフォーマンスのレベルを上げることはもちろん、特技といえる〝何か〟を身につけたいと明かす。

『〝何か〟が何かわからなくて、漠然とした言い方になってしまいました。

でもたとえば仲の良い増本綺良や大沼晶保は『そこ曲がったら、櫻坂？』で活躍しているし、同じく仲が良い大園玲は『Ｎｏｂｏｄｙ's ｆａｕｌｔ』の選抜メンバーに入った。

私一人が取り残されていることに焦りはありますけど、じゃあどうすればいいのか？

私には〝柱〟がない。

だからまだ漠然とした〝何か〟なんです（苦笑）』

相談や教えを乞うことが出来ない幸阪だが、仲が良い大園、大沼、増本との４人だけのＬＩＮＥグループがあり、そこでは素直に彼女らに意見を求めるらしい。

『文字にすると不思議と相談出来ちゃうんです。

でも電話で声を聞いたり、直接会って顔を見ながらだと話せない。

理由はもちろん、私が一番わかりません（爆）』

少なくとも幸阪茉里乃は、その殻さえ破れば一回りも二回りも大きなアイドルになれるだろう。

『櫻坂46って本当に楽しくて、楽屋はいつも笑い声でいっぱい。
その空間にいると居心地がいいから〝このままでいいか〟……とも思ってしまう。
でも違うんですよね。
私がその空間の真ん中で笑い声を上げるには、
たくさんの課題を乗り越え、
先輩たちの実力に近づかなきゃならないんですよね』

ここまでわかっているのだ。
何も心配せず、後は黙って彼女を見守るとしよう――。

関有美子が望む〝お嬢様キャラからの脱却〟

菅井友香に言わせると、関有美子を中心とした2期生同学年の3人は――

『見ていてほのぼのするトリオ。
でもたまに〝芸能界、これで大丈夫か!?〟……と心配にもなる』

――そうだ。

「番組でもお嬢様対決をしたように、菅井は関に対してお嬢様育ちとしてシンパシーを感じる部分があるらしく、『関には早く自分の方向性を見つけさせてあげたい。それが決まらないと、いつか心が折れるかもしれないから』――と、キャプテンとして何人もの卒業を見守ってきた経験からか、関にも明確な目標やモチベーションを備えさせてあげたいと考えているようです」（テレビ東京関係者）

落ち着いた雰囲気と所作が特徴的で、同学年の松平璃子と〝2期生のツインタワー〟としてパフォーマンスを引っ張る関有美子。

別掲のエピソードのように本人は〝お嬢様キャラからの脱却〟を望んでいるが、同期の年下メンバーに――

『後輩の2期生がNetflixの一番高いプランに入っちゃダメ』
『テレビのサイズを半分以下にしないとハングリーさが見えない』

――など、お嬢様らしい無頓着さをイジられているうちは、キャラを脱却することは難しいかも。

「僕らから見れば〝菅井路線の継承者〟というか、お嬢様キャラを捨てる必要はないと思いますけどね。同期がイジるのも、関たち3人（田村保乃・松平璃子）が2期生最年長で、あえてイジることで敬愛の意を表しているように見えます。愛されている証拠ですよ」（同テレビ東京関係者）

しかし一つだけ心配なのは『Nobody's fault』でセンターを務めた3人をはじめ、10代メンバーたちの成長が予想以上に早いことだ。

いかにもお嬢様らしい、おっとりとした性格の関が自分のペースでノンビリとしか成長しない場合、いつの間にかお荷物的なポンコツキャラになってしまうのでは?……との不安も拭えない。

おそらくは菅井友香も、似たような心配をしているのではないか。

そんな関は地元愛が強いことでも知られ、YouTubeの公式チャンネルにも〝博多弁口座〟を投稿するなど、普通は隠したがる地方出身者の方言や訛りにも誇りを持っているという。

欅坂46時代にも全国ツアーで福岡を訪れているが、これから櫻坂46として福岡でイベントやコンサートを行う時には、メンバーみんなが「関にくっついて行けば絶対においしい物が食べられるに違いない」と期待しているらしい。

「もちろんどこの地方でもファンの方が待ってくれているのが楽しみには違いありませんが、特に札幌、仙台、大阪、福岡などみんなが必ず行きたがるグルメシティがあり、正直に〝食事をすることが何よりの楽しみ〟だというメンバーもいます。だいたい、現地のプロモーターやレコード会社の支社スタッフも芸能人ご用達のグルメを押さえていますが、何しろ福岡といえば〝関家ご用達〟グルメのほうがおいしそう。『**娘が凱旋すれば、きっと関家のご当主が接待役を買って出てくれるに違いない**』……と、思い込みの激しいメンバーもいるようです。松田里奈とか(爆)」

ところが残念ながら、博多といえば〝水炊き〟〝もつ鍋〟などの鍋料理が名物なのに、当の関が『鍋は苦手なので食べません』と言うではないか。

『別に福岡の人でも水炊きが好きじゃない、もつ鍋が好きじゃないっていう人は、たくさんいると思いますよ。私が特に水炊きが好きじゃないのは単なる味覚の問題で、私は白か黒かハッキリした、もっと言うと〝濃厚な料理〟が好きなんです。その点、水炊きは味が薄いじゃないですか？　でも水炊きだけじゃなく〝しゃぶしゃぶ〟も薄いからあまり好きじゃないって言うと、夏鈴ちゃんに「味濃いやん！」と怒られて……。私に言わせると、あれはしゃぶしゃぶ自体の味じゃなくて、明らかに〝ポン酢の濃さ〟なんですけどね（笑）』

待ち遠しい〝櫻坂46初の全国ツアー〟。

関有美子も、地元福岡での凱旋コンサートが一日も早く実現することを夢見ているに違いない――。

武元唯衣の〝迷い〟を消した力強い宣言

皆さんもご承知の通り、乃木坂46の3期生以降、櫻坂46の2期生以降のメンバーのほとんどは、オーディションに応募する時点で乃木坂46、旧欅坂46のファンだったことでも知られている。

「日向坂46のケースは少し特殊で、当初2期生は〝ひらがなけやき〟追加メンバーの募集で、厳密には欅坂46アンダーグループの位置付けでした。すなわち本来ならば、ひらがなけやきこそ〝欅坂46の2期生〟。まあ、今となってはどうでもいい話ですが、少なくとも坂道合同オーディションが開催された時は、大半の応募者は乃木坂46ファンか欅坂46ファン、そのどちらかでした」（テレビ東京関係者）

武元唯衣は欅坂46がデビューした際には中学3年生で、いわゆる〝在宅ファン〟だったと明かす。

秘かに佐藤詩織を推していた彼女は、高校生になってようやく、ご両親から全国握手会への参加を許される。

そこで生の佐藤に会えた感激はもちろんのこと、ミニライブのパフォーマンスに圧倒されたのだ。

『生でアーティストのライブを初めて見た私でも、パフォーマンスの迫力に心が鷲掴みされました。

そして専門のコンサートホールじゃないイベント会場でこんなに素晴らしいなら、

「本物のライブはどんだけ凄いんだ!?」――と。

あの日、佐藤さんと欅坂46に会いに行ったことで、私の運命は変わったんです』

グループアイドルのメンバーの中には、何回、何十回とオーディションを受け、あるいはいくつものオーディションを掛け持ちしながらアイドルを目指す者もいれば、武元唯衣のように一発で運命に導かれる者もいる。

だからだろうか、彼女は欅坂46の改名を前向きに受け止めてはいたものの、その改名で姿を消す欅坂46のメンバーとしては――


『何も残せなかった』

『最初から、いてもいなくても同じだった』


――と、自己嫌悪を感じる日々が続いたようだ。

『大好きな欅坂46のメンバーになって、ステージで輝ける日を夢見ていたのに、欅坂46の名前があるうちに私が貢献したことを考えてみると、何も浮かんでこなかったんです。もし改名がなかったら、また別の気持ちで今を迎えていたんでしょうけどね。でもそれが正しいかどうかさえ、芸能界の経験値が少ない私にはわからない。2期生の多くは、そんなモヤモヤを抱えていました』

しかしある日、彼女は〝とても大事で〟〝とても当たり前のこと〟に気づく。
欅坂46の改名で最も複雑な感情に襲われているのは、あの日、イベント会場のステージから自分に夢を与えてくれた、1期生の先輩たちであることを。

『大好きな憧れの詩織さんはコロナ禍で留学を延期されただけで、アートの世界に羽ばたくのはずっと前からわかっていたこと。だから寂しいけど嬉しい、そんな気持ちで背中を見送りました。でも〝1期生伝説の21人〟だった11人の先輩たちは、悔しくて堪らないだろうな……と。私たち後輩に出来るのは、少しでも先輩たちの支えや力になることなんです』

デビューカウントダウンライブで、全国の映画館に向かって——

『櫻坂の歴史に残るようなこの時間を、
一緒にスタートを迎えてくださる皆さまと過ごせたことが本当に嬉しいです』

——と語り出した武元唯衣。

そして力強く——

『これからもたくさんの笑顔と様々な形で寄り添う力を、
常に伝え続けられるような人間でありたいと思います。
強く一つになって進んでいく櫻坂46の応援を、これからもどうぞよろしくお願いいたします』

——と宣言した彼女の瞳からは、もう迷いの陰と憂いは消えていた。

〝櫻坂46の聖母〟田村保乃の夢

2期生として加入当初から〝いつも笑顔〟のイメージが定着している田村保乃。

関有美子、松平璃子と2期生年長の〝98年トリオ〟の一角で最年少の山﨑天とは7才も離れているが、「この3人のいいところは、良い意味で3人が3人とも穏やかでほのぼのとした性格なので、同期の年下メンバーともすんなりと打ち解けられたこと」と、決して年上風を吹かせない、優しい性格として知られている。

「中でも田村はいつもニコニコと笑顔がトレードマークですが、しかし反面、櫻坂46を『日本一の、世界にも通用する大きなグループになりたい』——と大きな夢を抱いていて、それを実現させるための努力を惜しまない。そのふわふわとした外見と根性のある内面のギャップが、櫻坂46運営やテレビ東京スタッフに高く評価されています」（人気放送作家）

櫻坂46 デビューカウントダウンライブでも――

『今日の日のように、これから先も忘れられない時間を、みんな一緒に過ごしていけたらいいなと思ってます。本日は本当にありがとうございました』

――と、笑顔で感謝を伝えた田村。

櫻坂46としてデビューした今、彼女は――

『今までは後ろからついていくばかりでしたけど、少しでも引っ張っていけるように、前に前に出られるようになりたい』

――と強く願っている。

「確かに田村は笑顔だけではなく意欲も表に出すようになりました。しかしインタビューなどで〝大阪出身〟であることに触れられ、大阪の魅力を尋ねられると『ユニバ（ＵＳＪ）と道頓堀川沿いのたこ焼き屋さん』――と答えるなど、ごく普通すぎてインタビュアー泣かせの一面が弱点」（同人気放送作家）

実は〝大阪出身なのに云々……〟と言われることについては、田村も自覚しているようだ。

『〝大阪出身だから面白い、大阪出身だからボケられる〟と思われることは、本当にしんどいんですよ（苦笑）。

確かにお笑いは好きだし、大阪にいる頃に見に行ったこともあります。

でも私はいち視聴者で、ＮＳＣ（※吉本興業の養成所）に入りたいと思ったこともない。

櫻坂46には関西人のメンバーが小池美波さん、井上梨名ちゃん、武元唯衣ちゃん、藤吉夏鈴ちゃん、山﨑天ちゃん、幸阪茉里乃ちゃん、増本綺良ちゃんって7人もいて、そのうち私と夏鈴ちゃんと天ちゃんが大阪人ですけど、別に3人とも〝お笑い担当〟じゃないし。

むしろ宮崎出身の松田里奈ちゃんのほうが頭の回転も早いしリアクションも鋭い。

あと関西人なら小池さんと武元ちゃんにお笑いは任せたい気持ちです。

あっ、綺良ちゃんの面白さは別のジャンルです（笑）』

大阪人だから「面白いんでしょ?」と言われるのは、大阪出身の人間に対する〝定番のツッコミ〟。
田村保乃はその笑顔でファンやメンバーを癒し、温かい気持ちにさせてくれればいいのだ。

『私には座右の銘や好きな言葉、勇気づけられる言葉、元気になる言葉がたくさんあって、
本を読んで心に響いた言葉をスマホに残して読み返したりしているんですけど、
そういう言葉を私なりの表現にして、いつか皆さんにお届けしたいと思ってるんです。
実はお笑い芸人さんって名言を生み出す名人で、
超有名な明石家さんまさんの「生きてるだけで丸儲け」も、
私は挫折して落ち込んだ時に前向きな気持ちを取り戻す言葉だと思ってて、
もし大阪人として出来ることがあれば、
笑いの中に人生を左右するきっかけが含まれていることも伝えたい。
私の言葉や想いに耳を傾けてもらえるような、将来はそんな立場になれればいいなと思います。
夢の一つですね』

いずれ必ず、そんな田村保乃の夢が叶う日が来るだろう――。

藤吉夏鈴が秘めている〝大きな可能性〟と〝才能〟

表題曲『Nobody's fault』と『最終の地下鉄に乗って』『ブルームーンキス』でセンターに抜擢された森田ひかる。

カップリング曲『Buddies』『半信半疑』でセンターの山﨑天。

そして『なぜ 恋をして来なかったんだろう?』『Plastic regret』センターの藤吉夏鈴。

三者三様、それぞれの良さが溢れる新生・櫻坂46のデビュー曲だが、自分たちがセンターポジションに抜擢された意味合いも、それぞれ感じるところが違って当然だろう。

もちろん3人とも〝自分の目の前に誰もいない〟センターの大役にプレッシャーを感じてはいただろうが、しかし藤吉だけは森田や山﨑と少し違った。

『2期生としての役割はまだわからない部分がある』
『最初に（フォーメーションを）聞いた時は、素直に面白そうだなとは思った』
『私はパフォーマンスをするのが好きなので、櫻坂46でステージへ立てる機会を増やせればいい』
『センターだから不安とかプレッシャーとか、そういうことを感じる前にこうなっちゃってました』

――なぜか藤吉だけは、どこか他人事のように感じていたという。

「『欅って、書けない？』から『そこ曲がったら、櫻坂？』に番組がリニューアルした時も、スタッフは新たな気持ちでメンバーを迎え入れ、またメンバーも心機一転して収録に臨んでいました。しかしそこでも藤吉は『スタジオの空気が変わったと周りからすごく言われるけど、正直バラエティ番組で喋るも苦手なので、ただただ座って、みんなのやり取りを笑いながら楽しんで見ているだけ』――と、完全に自分が演者であることを忘れていたのです（笑）」（テレビ東京関係者）

そんな藤吉夏鈴は自分で「好き」というパフォーマンスになると、また別の意味で〝アブない人〟に変わるそうだ。

「彼女がセンターのカップリング曲『なぜ 恋をして来なかったんだろう?』のミュージックビデオの撮影でも、スイッチがオンになった途端に周囲が目に入らないほど集中し、自分の世界に没入していたといいます。先ほど彼女の発言に『センターだから不安とかプレッシャーとか、そういうことを感じる前にこうなっちゃってました』——というのがありましたが、それは集中すると周りが何も見えなくなるので、結果的にプレッシャーを感じる要素も気にならないということ。ただスタッフの間では、逆にこれからは集中させすぎないようにしたほうがいいのでは?……との話も出たと聞いています」(同テレビ東京関係者)

確かにそれは諸刃の剣で、集中してプレッシャーを感じる隙がないのはいいが、周りが見えなくなると大小様々なミスに繋がりかねない。

『今思うと、「実はそれがプレッシャーだったのかな?」……とも感じています。

レッスンや振り入れの時から意識がどこかに飛んでいて、

『なぜ 恋をして来なかったんだろう?』のパフォーマンスのことしか考えられなかったのは、

「自分でも気づかないプレッシャーのせいだったのかな」——って。

でも公式には「藤吉夏鈴はプレッシャーを感じない子」で通していきたいと思います(爆)』

普段からメイクさんなど身近な女性スタッフに、

「夏鈴ちゃんがボ～っとしていても、それが考えごとをしているのか、あるいは何も考えずにただぼけーっとしているだけなのか、まったく見分けがつかない」

――と苦笑いされる藤吉夏鈴。

一方、ダンスチームの先生からも、

「歌詞に合わせて無理に表情を作りすぎるより、その場その場で自由に感じたままを出したほうが夏鈴らしい」

――とアドバイスされるのも、確かに集中しすぎることが原因かもしれない。

「集中力のオンとオフの切り替えが上手く出来るようになれば、小林由依のようなダンス力と表現力に秀でたパフォーマーになれるでしょう」（同前）

つまりまとめると、誰もが藤吉夏鈴に才能と大きな可能性を感じているということだ――。

増本綺良が走る〝令和のお笑いアイドル〟の道

「増本綺良は口癖のように『私みたいな平凡な人間が、大沼さんのような〝笑いの神〟と比べられるのはおこがましい』――と話してます。しかも本気で自分を平凡だと思っているので、こちらも何だか申し訳なくてツッコめない」（テレビ東京関係者）

彼女が平凡かどうかはともかく、今や櫻坂46を代表するバラエティ担当の一人なのは間違いない。

さらに言えば彼女、トークに関しては意外なほどの〝勉強家〟だというではないか。

「ああ見えて研究熱心で、たとえば『そこ曲がったら、櫻坂？』の収録が終わると、大沼や大園と〝自分たちが収録で喋ったこと〟を整理するんです。後にオンエアと見比べ、どのコメントやリアクションが使われ、どこが切られたかをチェックする。さらにそれからLINEグループを使って反省会を始めるそうです」（同テレビ東京関係者）

まるで駆け出しのお笑い芸人がヒナ壇からのコメントやツッコミをチェックするような、完全に〝プロ仕様〟のやり方だ。

「誰に教えてもらったのか想像でしかありませんが、おそらくはMC2人のどちらか、または2人でしょうね。彼らが増本と大沼を面白がっているのは事実で、よりテクニックを身につければ、番組が盛り上がりますから」(同前)

しかしここで、大きな問題が一つ。

それは増本綺良も大沼晶保も、いざ本番になると〝脊椎反射〟で思ったことをそのまま口にしてしまうことだ。いくらスタッフの編集の癖や使われやすいコメントをチェックしても、実践に活かされなければ意味をなさない。

『それは本当、私も大沼さんもそういう人なので、最初からコメントやリアクションを用意することが出来ないし、用意してもきっと忘れちゃいます(笑)。

だからスタジオで発言してから、

「今のはどうかな? 使われるかな?」……って頭の中で考えて、答え合わせをする感じですね。

そのうちそれに慣れてくれれば、きっと先に考えられると思うんです』

確かに増本と大沼にトークやリアクションの予習は難しいし、しかも2人の良さを消してしまいかねない。

「増本といえば傑作だったのが守屋（茜）との腕相撲対決で、1期生の守屋に『負ける気がしない』と宣戦布告する〝狂犬キャラ〟を演じたかと思うと、アッサリ負けた瞬間に『ちょっと疲労が残ってた』とセコい言い訳をして、大爆笑を招いたシーンが今も忘れられません。増本が発言した時は予定調和が崩れる。その面白さを失って欲しくないですね」（同前）

もしMCの2人、特に土田晃之がアドバイスをしたのだとすれば、それは往年の〝とんねるず世代〟が学んだ、「無茶苦茶に暴走しているように見えて、カメラが追えるように入念な打ち合わせをしている」昭和のお笑い教科書だろう。

そうした教えを受けた増本綺良と大沼晶保は今、〝令和のお笑いアイドル〟の先頭を走っている——。

松田里奈が自覚する櫻坂46で担う〝役割〟

松田里奈はいつも真剣な顔で――

『どうすればもっとたくさんの人に櫻坂46を知ってもらえますかね?』

――と、周囲のスタッフに相談して歩いているという。

「櫻坂46運営スタッフや番組スタッフはもちろん、時には雑誌の取材で数回しか会ったことがないスタッフにまで尋ねているそうです。理由を聞くと『私は本当にこのグループのことを知ってもらいたくて、それにはいろいろな立場で関わってる方のそれぞれの意見も大切だし、どこにヒントがあるかわからないから』――と。さすが上京前は銀行の窓口業務を行っていただけあって、コミュニケーション力は2期生のみならず櫻坂46随一と言っても過言ではありません」(テレビ東京スタッフ)

すると最近、その答えの一つが見つかったという話が聞こえてきた。

「アニメの主題歌を歌いたいそうです。『鬼滅の刃』のLiSAさんではありませんが、アニメ主題歌の大ヒットで不動の地位を築いたアーティストは何人もいる。『LiSAさんも私たちと同じSonyMusicだし、何かいい感じのコネはありませんか？』――と、あの特徴的な鼻に皺が寄る笑顔でSonyの担当者に頼み込んでいるとか」（同テレビ東京スタッフ）

各レコード会社とも「第2の鬼滅を探せ！」と必死らしいので、松田の売り出し戦略は今の時流に乗っているといえよう。


『本当の理想は1期生さんたちが全員で出演した『徳山大五郎を誰が殺したか？』や、『残酷な観客達』みたいなドラマを、2期生でもやってみたいんです。

そうしたら主題歌も櫻坂46の楽曲になるかもしれないじゃないですか。

私、アニメの主題歌と同じぐらいドラマの主題歌もグループでやってみたいので。

挿入歌？……あのクライマックスで流れるサビもいいですよね。

ドラマの名場面と歌が一つになるから皆さんに覚えてもらえる』

常にこうして、櫻坂46の知名度がもっともっと上がるため、もっともっと興味を持ってもらうためには
どうすればいいか、それこそ24時間考えている松田里奈。
そこにはあの先輩アイドルグループの存在があるという。

『私が小学校高学年の頃から中学生にかけて、
私の田舎の宮崎でもみんなAKB48さんのことを知っていて、
学校で『ヘビーローテーション』を歌ったり踊ったりしてたんです。
ちょっと都会のほうのブームは知りませんけど、宮崎にまで届いているのは本当にスゴくて、
しかももともとアイドルに興味があったわけじゃない、普通のクラスメートまで踊れてる。
振り返れば、大ヒット曲が持つ歌の力を体感したのは、あの時です』

櫻坂46にも全国の津々浦々まで届くヒット曲が欲しい。
でも今はまだその手助けに、アニメやドラマの主題歌に採用されることが必要だということだろう。

「それと同時に演技の仕事をまったくやったことがない2期生に何が出来るのか？〝最初は全員が出演するドラマで、各自が手応えを掴んでみたい〟のだと。松田自身は『どうしても演技のお仕事をやらせて頂きたいわけじゃないけど、チャンスを頂けるものなら全力でチャレンジしたい』──と話していました。また2期生には井上梨名を筆頭に女優志望の子もいるけど、逆に〝失敗するのが怖い。トラウマになる〟と話す子もいて、松田は『確かにどんなお仕事にも〝向き〟〝不向き〟はあるけど、挑戦する前から自分の可能性を潰しちゃいけないことも感じて欲しい』──と、みんなの背中を押す役割を担いたいのだと」（同前）

今は『ここ曲がったら、櫻坂？』の収録が楽しみで仕方がないとも話す松田里奈。

『何かいい感じに熟成する予感がするんです。
みんなの意識が高まり、積極的になってきたんですよ。
これはもう、宮崎マンゴーでいえば〝完熟〟に向けてまっしぐらですよ（笑）』

会話の中にもちょいちょい宮崎愛を漂わせる彼女だが、そういえばデビューカウントダウンライブでも、こう挨拶していたっけ——。


『今日はデビューカウントダウンライブを見に映画館に足を運んで頂き、ありがとうございます。

宮崎の皆さん、見てますか～？

全国の皆さん、見てますか～？

ありがとうございます。

こうして櫻坂46としてこんなにすぐライブが出来ると思っていなかったので、
今日こうしてライブを迎えることが出来て本当に嬉しく思います。

これからもたくさん、皆さんと一緒に同じ時間を過ごし、
一緒にいろんな思い出を作っていきたいと思います。

本日は本当にありがとうございました』

——と。

メンバーの意識が高まり、櫻坂46が〝完熟〟に向かって坂道を上っていくのが楽しみだ。

松平璃子が見つけたいと願う〝自分の色〟

現在、櫻坂46のバラエティ担当ツートップを尋ねると、多くのファンが新2期生の大沼晶保と増本綺良の名前を挙げるだろう。

しかし一部には、彼女たちはバラエティ番組に必要な頭の回転の早さやリアクション技術を評価されているわけではなく、本人そのままの〝変人ぶり〟がハマっているだけとの声もある。

「これまで1期生や2期生に、あそこまで強烈なキャラはいませんでしたからね。目立つのも当然です。たとえばガヤで的確なツッコミを入れる松田里奈、小学生の時にお笑い芸人を目指してコンビを組んでいた松平璃子の2人もバラエティ担当ですが、大沼と増本の〝三振かホームランか〟の破壊力には及びません」(テレビ東京関係者)

とはいえ松平璃子は、今でもなかなかの爆発力を秘めている。

つい最近も『そこ曲がったら、櫻坂?』の番組内で、山﨑天から「寝落ち電話をかけてくる」と迷惑行為を暴露され、見事に笑いに繋げていた。

「そもそも松平は『私はアイドルになりたかったんじゃない。欅坂46になりたかったんです』――とオーディションに応募した理由を語るなど、人生を〝欅坂46に捧げた〟と言っても過言ではないほどのメンバー。自ら『**バラエティキャラと思われているかもしれないけど、プライベートは単なる陰キャ。でも番組で盛り上がるなら笑ってもらいたい**』――と、身を捧げる覚悟を持っています」(同テレビ東京関係者)

かつてサプライズで母が登場し、小学生の頃に友人とお笑いコンビ〝どんちけた〟を組み、ネタも松平が作っていたことを暴露された瞬間から、彼女の立ち位置が決まってしまったのだ。

『**お笑いコンビは小学生の時の話で、高校ではクラスの端っ子で2～3人の友だちしかいないタイプ。中学生までは本当に楽しかったのに(苦笑)**』

小学生、中学生まではお笑いコンビを組むほどわかり合えた友だちもいて、明るく楽しい学校生活を送っていたと明かす。

ところが進学した高校が彼女に合わず、徐々に陰キャの道へ。

『あの頃、欅坂46さんがいてくれたら、きっと私は勇気と元気をもらって立ち上がっていたと思う。
どうして私が高校3年生になるまでデビューしてくれなかったんですか!』

そんなイチャモンをつけられても……やはりバラエティ向きの天然ぶりを誇るだけのことはある(笑)。

『欅坂46のことが大好きで、だから自分が同期から遅れていることが辛かった。
本当は負けず嫌いで、いつも誰かと比べてしまうのが悪い癖。
スケジュールを見比べて、悔しさで泣いちゃったこともありました。
そんな時、自分に何が出来るのか?……ではなく、
「何をしたいのか」を考えて、答えが出たのがモデルさんでした。
でも私なんかが「モデルさんになりたい」なんて、絶対に恥ずかしくて言えない。
そうしたら憧れの理佐さんが、
「夢は口にしないと誰も手を貸してくれないよ」――って、アドバイスをくださって。
まだ結果を出してるとまではいかないけど、
〝バラエティキャラ〟から〝モデルキャラ〟への道のりは見えてきました』

何度も挫折し、結果が出なくても努力し続けなければならない苦しみを知る松平璃子。
そんな彼女は今、櫻坂46で『もっと大きな夢を見たい』という。

『夢に色がないのは、きっと櫻坂46のグループカラーの〝白〟に合わせてくれているんですよ。
私は櫻坂46で自分の色を見つけ、夢をその色に染めたいんです』

果たして彼女が見つける〝自分の色〟は何色か?
そしてぜひ、彼女の夢を〝自分色〟に染め上げて欲しい。

新生・櫻坂46の〝象徴的な存在〟――森田ひかる

2期生として加入した当初から人気が高かった森田ひかるだが、大方のファンは「まさかセンターに抜擢されるとは思わなかった」のが本音だろう。

「『欅って、書けない?』で発表された9thシングルには、7名の2期生が選抜メンバー17名に選ばれました。森田も選抜に入り、しかもポジションも2列目の裏センターと期待されてはいたものの、センター両隣の2番に松田里奈、3番に田村保乃と、森田は2期生で3番目の扱いだったのです」

（テレビ東京関係者）

ちなみにこの時に選抜入り予定だった2期生は、彼女たちの他に武元唯衣、井上梨名、関有美子、藤吉夏鈴。

7名のうち2名が『Nobody's fault』の選抜から外れ、山﨑天と大園玲が抜擢されている。

「欅坂46ラストソング(配信限定)は全員曲でセンターも不在ですが、最初の板付き(※スタンバイ位置)でも森田は3列目の上手側(※向かって右)で、決して中心メンバー的な扱いではありません。現に松田は2列目、田村は森田よりも内側にいましたからね」(同テレビ東京関係者)

欅坂46時代は松田と田村の後塵を拝していた森田。

しかしカップリング曲のセンターに選ばれた藤吉、山﨑と共に、新しく生まれ変わった櫻坂46の象徴的な存在へとジャンプアップしたのだ。

「愛されキャラで、小柄ながらも伸び伸びとしたダイナミックなパフォーマンスは〝ステージのどこにいても目に入る〟と以前から定評がありました。それでもまさか、事実上の人気ツートップを誇る小林由依と渡邉理佐を両脇に従え、デビュー曲のセンターを張るなんて。彼女のファンのみならず、2期生ファンは感無量でしょう」(同前)

予兆がなかったわけではない。

2019年12月31日から2020年1月1日にかけての『CDTVスペシャル! 年越しプレミアライブ 2019→2020』(TBS)で披露した『黒い羊』でセンターを務め、まさに『森田版黒い羊』として仕上げ、そのパフォーマンスがSNSで大きな話題になったのだ。

「中には〝森田がいれば平手はいらない〟など過激な発言もありましたが、しかしそれも納得せざるを得ないというか、それほど森田センターの『黒い羊』には圧倒された。視聴者の反響もかなりのもので、センターの資質は十分に感じさせてくれました」(同前)

もしかするとこの時、運営幹部は今の青写真を描いていたのかもしれない。

『自分で自分のことはよくわかりませんけど、
自分なりに歌詞の意味を理解し、パフォーマンスに繋がるように表情の作り方を考えてはいます。
一度スタッフさんにアドバイスされたんですけど、
私は目力が強いので〝顔芸にならないようにしなさい〟って。
乙女に対して〝顔芸〟は失礼ですけど(笑)、
でもその意味はよくわかるし、ずっと注意をしている部分です。
私は最初から真ん中に引き上げられたわけじゃないし、
ファンの皆さんの応援があってこそ、この位置に立てた。
だから自分の実力だなんて勘違いをせず、これからも常に全力でコツコツと努力するだけ。
だってそれしか出来ませんもん』

彼女のようなメンバーこそ、ファンは応援のしがいがあるというもの。

もちろん現時点で2ｎｄシングル、3ｒｄシングルとセンターに抜擢される保証はない。

しかし森田ひかるは、どのポジションにいても、いつもファンの笑顔を念頭にパフォーマンスしてくれるだろう。

守屋麗奈が叶えたい夢、目標

ファンの多くが「あの子、可愛いよね」と認めながらも、それが〝1推し〟には繋がらず、みんなが気にしていてもジワジワとしか人気が上がっていかないメンバーは、どのアイドルグループにも必ず1人はいる。それが櫻坂46の場合、守屋麗奈ではないだろうか。

「新2期生の場合、大園も守屋も年令的には〝綺麗なお姉さん〟寄りかと思いますが、守屋の魅力はその外見ではなく、誰もが驚かされたというパフォーマンスとのギャップでしょう」（テレビ東京関係者）

先輩メンバーの多くが守屋麗奈を見た瞬間、「上品そう」「おしとやか」と感じ、中には「完全に学校のマドンナになるタイプ」と絶賛した彼女の印象だが、デビュー曲では山﨑天がセンターを務めるユニットに入り、その代表曲である『Ｂｕｄｄｉｅｓ』のダンスパフォーマンスは、「普段とのギャップが凄い」「おしとやかな外見から想像出来ない激しさ」「ダンスが大きい。それなのに細かい振りや難しい振りにも対応している」「ステップが早い曲が合いそう」などと、驚きの声が連発で上がったそうだ。

『それは先輩方が私を褒めて伸ばしてくださっているだけで、
自分としては反省と悔しさしか残っていません。
もっと踊れたはずだし、練習量が少なかったかもしれない。
嬉しいお言葉を頂けば頂くほど、不甲斐ない自分を責め続けました』

なるほど。性格は謙虚さと向上心の塊のようだ。

そしてこういう性格だからこそ、裏方のスタッフ受けもいい。

「番組のメイクは自分でやるメンバーも多いのですが、新人は慣れるまでメイクさんが担当します。新2期生は番組デビューからほどなくしてコロナ禍に巻き込まれたので、しばらくはリモート中心で出番も少なかった。そんな時でも守屋のヘアメイクを担当したスタッフは、彼女について〝メイクスタッフ全員の名前をすぐに覚えたし、いつも謙虚で言葉遣いも丁寧〟と褒めて、〝私たちも、そういう子を綺麗にしてあげたい〟と、アッという間に気に入られていました」（同テレビ東京関係者）

スタッフに可愛がられるタイプなのは疑いようがない。

『私たち研修生チームが配属されてすぐに新型コロナウイルス感染が広まり、世の中の状況が変わってしまいました。
最初に影響が出たのは握手会だったので、まだ誰も直接ファンの皆さんと交流していません。
それから欅坂46が改名することになって、
LAST LIVEもデビューカウントダウンライブも無観客だったので、
本当にまだ未知のことだらけなんです。
だから状況が落ち着いたら、まずはファンの皆さんと直接お会いして、握手会をしたい。
いつかは櫻坂46として東京ドームにも立ちたい。
叶えたい夢や目標がたくさんあるから、
これからも自分を磨きながら頑張っていきたいと思います』

守屋麗奈にとっては『Buddies』も『半信半疑』も、自分たちが1から作り上げる作品に参加したのは初めて。

だからこそ櫻坂46の新しいグループカラー〝白〟そのものの気持ちで臨めたに違いない。

これからはその〝白〟を、自分がどんな色に染めていくのかが試される。

『いろんな方から愛されるグループに。
そのグループの一員になれるように。
私は今、それればかり考えています』

彼女がこれから櫻坂46を、そして自分を、どんな色に染めていくのか――。
期待して見守ろう。

山﨑天が見据える〝櫻坂46の未来〟

櫻坂46 デビューカウントダウンライブでは――

『（メンバー）みんなと（ファンの）皆さんとの〝Buddies〟なら、
櫻坂46は絶対に大丈夫だという絶対心を持って、
これから櫻坂46をいろんな場所に咲かせていければと思います。
皆さんよろしくお願いいいたします』

――と、自らがセンターを務めるカップリング曲のタイトルを絡めてファンにメッセージを送った山﨑天。

グループ最年少の末っ子的な立場に甘えず、しっかりと櫻坂46の未来を見据えていることがこの発言からもわかる。

欅坂46から櫻坂46への改名が発表されると共に、番組名も『欅って、書けない?』から『そこ曲がったら、櫻坂?』に変わった。

その際にも山﨑は、驚くほど冷静かつ的確な指摘をしていたという——。

『番組名が新しくなったこともあり、

メンバーそれぞれが自分の個性を表に出しやすくなってきたと感じています。

それはスタジオの空気と共に、

私たちもどこか〝変えなければいけない〟気持ちも必要だなと感じています。

リニューアルした最初の収録から、

メンバーそれぞれが「こうしていきたい」と考えていたことが、

具体的な言葉として打ち合わせで飛び交っていました。

それまで2期生たちは遠慮がちというか、

同じメンバーだけど欅さんの番組では〝お客さん〟的な気持ちが強かった。

でも改名することで「櫻坂46としては自分たちも1期生」——という自負が、

かなりの場面で表れていましたから』

さらに、こんな発言も――。

『これからは私たち2期生がグループを引っ張っていかなければいけないと、
スタッフさんたちからも言われていますし、
もちろん自分たちでもそう感じて話し合っています。
でも今はまだ残念ながら1期生さんと比べたら力不足で、
結局は先輩たちに頼ってしまうことのほうが多い。
「こうして欲しい」と言われたことを素直に実行していますけど、
それは単に言われたことに従っているのではなく、
1期生さんに「あなたたちなら出来るよね？」と分担を任されたというか、
〝お互いに力を合わせて良い作品を作っているんだ〟の意識を持つようにしています。
2期生のみんなも、私の意見に頷いてくれました』

すでに山﨑天には、リーダーの風格すら漂っているではないか。

『番組では同期の松田や武元のようにトークで笑いを取れるメンバーがいて、
大沼や増本のように存在自体で笑いを取れるメンバーもいる。
私はその両方とも少し遠いポジションにいるから、
無理に「トーク力を磨こう」「面白いリアクションや一発芸を身につけよう」と考えるのではなく、
彼女たちがいないジャンルのポジションを全力で掴みたい。
個人個人の力やキャラクターで勝とうとするのではなく、
「2期生全員、櫻坂46全員で〝最強の存在〟になればいい」
——そう思っています』

改めて言おう。

これが2020年12月、櫻坂46として生まれ変わった時点で15才、中学3年生の自意識なのだ。

畏れ入ったとしか言いようがない。

『私なんか大したことありません。

たとえば欅坂46としての最終日、
寂しかったり悔しかったりといろいろな感情が入り乱れているはずなのに、
キャプテンの菅井さんは笑顔で私たちをまとめてくれました。

後でスタッフの方に、

「菅井は欅坂46が消滅する責任を感じて、あの日で卒業するつもりだった」と聞きました。

でも菅井さんは――

「欅坂46は消滅するわけじゃなく、櫻坂46にステップアップするだけ。

そのためにも最後のライブを盛り上げよう。

私たちの可能性を示そう」

――と、当日は声をかけてくださっていて、
あの時の菅井さんの心境は想像するだけで涙が出ます。

そして「私たち2期生が、もっとしっかりしなければいけない」――と改めて誓いました』

さらに山﨑天は、自らがセンターを務める『Buddies』について、こんなことも――。

『実は表題曲がすべてアルファベットのタイトルは初めてで、私なりにそこは見た目から変化した部分だと感じました。改名すると聞いた時から新しいチャレンジが出来るワクワク感で一杯だったので、人によっては〝くだらない〟と笑う人がいるかもしれませんけど、私は些細なことがとても嬉しかったんです(笑)』

ようやく最後は中学生らしい笑顔を見せてくれた山﨑天。

彼女がこれからの櫻坂46を引っ張っていく存在になることは、間違いないだろう――。

2nd Chapter

フレーズ＆エピソード

Phrases & Episodes

1期生

上村莉菜

『そりゃあ不満がないといえば嘘になるけど、
それを口にしても解消されるわけじゃないし、
逆に自分の〝負け〟を認めることになる気がして。
だから私は私を応援してくださるファンの皆さんのためにも、
絶対に愚痴や不満を溢さないと決めたんです』

欅坂46に加入当初から、その美少女ぶりと醸し出す透明感が際立っていた上村莉菜。
だからといって即フロントメンバーに抜擢されるかといえば、そうでもないところがグループアイドルのジレンマ。しかしそんな彼女を信じ、個別握手会で支えるファンは多い。
「見た目は儚げですが、実は子供の頃から活発な性格。水泳やテニスをはじめ、英会話やピアノなどいくつもの習いごとに通っていたといいます」（テレビ東京関係者）
ファッションに目覚めた高校生時代、いくつものバイトを掛け持ちし、洋服代にあてていたこともあったという。
「ファストフード店のバイトにプールの受付、某うどん店の店員などで稼いだアルバイト代をファッションに注ぎ込んだとか」（同テレビ東京関係者）
中学生の頃に2回もインフルエンザに罹り、自宅療養していた自分をアイドルの動画が励ましてくれたように――

『活動を通して誰かの支えになりたい』

――と考える上村莉菜は〝アイドル〟としての活動に真剣に向き合っている。

『昔の私がそうだったように、
「誰かの励みや支えになりたい」――と思っているのに、
それがどこまで出来ているのかで悩むことはあります。
だけど、もし世の中にたった一人でも私が活動する姿が力になるなら、
私はこの道を選んで本当に良かったと思います』

まだまだ彼女は諦めない。
そしてそんな彼女は、多くのファンに夢と希望、勇気を与えてくれることだろう。

尾関梨香

『スタッフさんから聞いて、私も見てみたんです。
「私たちは1から新しい歴史を始めたからこそ、
すごく参考になるんじゃないかな」――って。
この先、自分ひとりの仕事を頂く機会があったら、
昔の峯岸さんや柏木さんみたいに、
ガツガツ頑張ることで櫻坂46に貢献したいです』

奇しくも櫻坂46がデビューカウントダウンライブを開催した12月8日、あのAKB48劇場からもオープン15周年の配信ライブが行われた。

「櫻坂46は翌日がデビュー曲の発売日だっただけで、AKBの15周年にぶつけてカウントダウンライブを行ったわけではありません。それでもスタッフの間には、微妙に気まずい空気も流れていましたね」(ライブ関係者)

実はその翌日、つまり『Nobody's fault』の発売日に、AKB48の峯岸みなみが自身のYouTubeチャンネルに柏木由紀との対談動画をアップ。

その内容について、尾関梨香は「参考になるから見てみなよ」と周囲のスタッフから勧められたそうだ。

『私の中学生の頃はAKBさんの全盛期で、みんな振りを真似してカラオケを歌ってました。
だから峯岸さんも柏木さんも〝(テレビ)画面の向こうの人〟で、
今は同じアイドルで先輩だからこそ、私が小学生や中学生の頃に何を考えていたのか、
両方(アイドルとファン)の立場を知る者として興味があったんです』

そこで尾関は〝（ＡＫＢの）昔と今の違い〟というテーマで語った峯岸と柏木の発言――

『昔は個人戦で、今は最初から団体戦』

『今のほうがまとまってるけど、昔のバラバラな人たちがまとまった時が強かった』

『ガツガツ感が違う。

昔は「私がこれを頑張る」「外でこれを頑張る」ことで、ＡＫＢに繋がるっていうのがすごいあった』

――の発言に『なるほど』と感銘を受けたという。

『自分ひとりの仕事を頂く機会があったら、

昔の峯岸さんや柏木さんみたいに、ガツガツ頑張ることで櫻坂46に貢献したい。

欅坂の頃は〝欅坂＝平手友梨奈〟で、みんな諦めていた感があるから』

櫻坂46を代表するメンバーになりたい――。

尾関梨香の〝欲〟がグループを引っ張る日は近い。

小池美波

『LAST LIVEの日、欅坂46との別れが寂しい気持ちはなかったです。
5年間の経験は自信に変わっていたし、
築いてきたものがなくなるわけではない。
ただ欅坂46として楽曲を披露するのは最後で、
そこに佐藤詩織の卒業が重なったことで〝溢れる想い〟はありました。
やっぱり最初から頑張ってきた仲間ですから』

欅坂46の代表曲といえば、ほとんどの方が『サイレントマジョリティー』と答えるだろう。
しかし小池美波がLAST LIVEで――

『唯一、グッと込み上げるものがあった』

――という楽曲は『二人セゾン』だったと明かす。

『5年間の活動の中で、リリースした時期と今とでは感じ方が違う曲が何曲かあって、
私の場合は特にそれを『二人セゾン』で強く感じるんです。
リリース当時は感じられなかった、歌詞の深さや儚さ。
歌い込んだり（歌詞を）読み込んだりの経験が積み重なると、
まったく違う曲に思えるんです。
メロディーは同じなのに、何か変な話ですけどね（笑）』

欅坂46の1stシングル『Nobody's fault』では櫻エイトに抜擢された小池美波。
彼女は『Nobody's fault』にも――

『歌うたび、歌詞を読み込むたびに理解が深まっていく』

――ことを感じている。

『欅坂46という物語の主人公は、一人称で言えば〝私〟ではなく〝僕〟でした。
でもそれは平手友梨奈というセンターに与えられた〝僕〟。
櫻坂46の主人公は26人全員で、
その全員が〝変わりたい。変わらなければならない〟使命感を与えられている。
〝僕〟が〝私たち〟になる決意こそが、櫻坂46の物語に繋がるんです』

その覚悟こそが、新しい船出に相応しい――。

小林由依

『（1列目は）すぐに目に入るポジションですし、
グループ内でもよく見られる位置だから、
堂々としっかり立っていなければいけない。
だからこそ与えられた役割に恥じない自分になるため、
頑張っていきたい気持ちが強いですね。
ただ私たちは全員が支え合う意識を持っているので、
一人一人の負担をメンバーそれぞれで分け合えるチームだと思っています』

欅坂46時代、8曲のシングルのうち5曲でフロントメンバーを務めた小林由依。
全曲センターの平手友梨奈は別として、卒業した鈴本美愉と並び2位の回数を誇る。
この『Nobody's fault』で単独2位、あと数曲で平手さえも抜き去るだろう。

『改名してすぐは取材後に読者プレゼントのサインなどを書く時、
つい〝欅坂46〟と間違えることもありました（苦笑）。
気持ちとしては〝欅坂46 THE LAST LIVE〟の終演後に、
「自分はもう櫻坂46だ」――というモードに切り替えていたんですけどね。
櫻坂46になってからはいろいろな現場でグループ名にちなんだ桜の枝が用意されていたり、
花びらが舞う演出をして頂いたり、欅坂時代にはなかった変化を楽しんでいます』

かつて感じていた停滞感も、改名後には――

『みんなの中から〝前進しなければならない〟空気が湧いてきて、
全員でグループを支える意識がさらに強くなりました』

改名することで自分の意識がここまで変わるとは思ってもいなかったし、だからこそこれからは欅坂46時代に出来なかったこと、縁がなかった仕事に個人で挑戦出来れば嬉しいという。
またメンバー同士でも『そこ曲がったら、櫻坂？』をはじめ、バラエティ番組をもっと頑張っていけるように、どうアピールすれば良いのかなど、相談し合っているとか。

『間違いなくチーム意識、チームワークは強くなりました。
そして私は1列目に立たせてもらっている以上、
これまでと変わらずに〝歌を届ける。伝える〟気持ちを大切にしていきたいですね』

フロントに立つ覚悟と意識は、センターの森田ひかるよりも強いだろう。

齋藤冬優花

『2021年は出川さんの〝充電旅〟にゲストで出てみたいんです。
昔から出川さんに憧れているし、
出川軍団で〝一番踊れる〟メンバーになる自信もあります。
〝充電旅〟が徳島編になって、
ちょうど阿波おどりシーズンと重なると嬉しいですね。
完全に私の一方通行ですけど（笑）』

齋藤冬優花が欅坂46の1期生に加入して以来、特技の阿波おどり、憧れの芸能人が出川哲朗というプロフィールは、正直に言って何の役にも立ってこなかった。

「でも同じテレビ東京の看板番組同士ですから、櫻坂46運営がその気になってプッシュすれば、意外にアッサリと実現するような気がしますけど」（人気放送作家）

彼女が「出たい」と熱望するのが、〝電動バイクでニッポンを縦断する人情すがり旅！〟をキャッチフレーズにする『充電させてもらえませんか？』だ。スペシャル番組時代から同時間帯での視聴率1位をたびたび記録し、名所や旧跡、パワースポットを訪ねる旅番組の要素も備えていることから、あの『池の水ぜんぶ抜く大作戦』と並ぶ、テレビ東京の名物番組になっている。

「出川さんのゴールデン初冠番組としてレギュラー化されたのが、2017年4月のことです。当初から齋藤は『出川さんのめっちゃ面白い番組が始まった！』――と興奮していたし、櫻坂では〝ダンス番長〟的な立場で睨みを利かせていますが、本来の性格はお調子者のお笑い好き。間違いなく番組にハマると思いますよ」（同人気放送作家）

もう一方の『池の水』にはAKB48で埋もれていた大家志津香の奮闘ぶりが話題になり、多くのバラエティに呼ばれるきっかけになった。

齋藤冬優花が新境地を開拓することが出来るように、ここは運営のプッシュに期待しようではないか。

菅井友香

『叶えていない夢がいっぱいあって、
ファンの皆さんとこのままお別れすると絶対に悔いが残る。
東京ドームにもう一度立ちたいし、まだ経験のないスタジアム公演も叶えたい。
世界中の人にパフォーマンスを届けられる力をつけたい。
ファンの皆さんと幸せな思い出をたくさん作りたい』

11月29日、25才の誕生日を迎えた菅井友香。

欅坂46の解散ライブからこの日まで、1ヶ月半の間、彼女は様々な葛藤に苦しめられたという。

「一番は〝誰か責任を取れ〟という心ないセリフだったそうです。それは『〝誰か〟ではなく、キャプテンとして解散を止められなかった自分に投げかけられた言葉』――だと感じたと、彼女は明かしてくれました」（文化放送スタッフ）

誕生日に配信した〝SHOWROOM〟でも――

『自分の人生、アイドル人生を考えて、本気で卒業しようと思いました。グループにとっても、自分が卒業したほうが良いかもしれないいんじゃないかな』

――と、欅坂46LAST LIVEのタイミングで卒業するかどうか、本気で考えていたことを明かした菅井友香。

しかし彼女は自分の進退について力強く――

『決めるのは今じゃないと悟った』

――と振り返る。

『私がしなきゃいけないのは、
新しいグループでファンの皆さんに新しい景色を見せること。
これは特に1期生全員がそう思っていて、
欅坂46のキャプテンだった私が、そこから逃げ出すわけにはいかない』

欅坂46が大きく羽ばたく2021年、ファンの皆さんは「そこにゆっかーがいなきゃいけない」ことを願っているのだから。

土生瑞穂

『最近はオフの時間も自分のプラスになるように過ごしたいと思っていて、
ジムに行ったり洋服を見に行ったり。
特にジムにはかなりハマっています。
やればやるだけ体が変わるから、目に見える結果が自信に繋がるんです。
姿勢も良くなるし、
こんなに〝見せても大丈夫〟な堂々とした気持ちになるとは、
思ってもいませんでした（笑）』

身長171.6㎝、欅坂46のみならず坂道シリーズNo.1の高身長を誇る土生瑞穂。

欅坂46が『サイレントマジョリティー』でデビューした3日後、センターの平手友梨奈ではなく、後に雑誌モデルを務めるフロントメンバーの今泉佑唯、小林由依、渡辺梨加でもなく、2列目の端にいた土生が、メンバーから初めて『GirlsAward 2016 SPRING/SUMMER』のモデルに選出されたのも、ヒールを履けば180㎝を優に越える身長ゆえのことだろう。

オーディションを受けるまでの土生はアニメやゲームに夢中で、進路も美容専門学校に決まっていた。

高校生最後の思い出に受けたオーディションで合格して欅坂46(※当時)に加入したものの、人が羨む高身長がコンプレックスの根源にあったのだ。

『それは大袈裟ではなく、つい最近までずっとそうでした。

自信をつけるためにファッションの勉強もしたけど、

着飾ることは出来ても身長を低くすることは出来ない。

ところがジムに通い始めてから、

メンバーにも「放っている雰囲気が変わった」——と言ってもらえるようになり、

〝生身の自分〟が武器になる喜びを知れたんです』

もし坂道シリーズから世界で通用するモデルが輩出されるとしたら、それは間違いなく土生瑞穂になるだろう。

『でもそれには、素足で180㎝ぐらいの身長が欲しいですね（笑）』

高身長コンプレックスはどこへ？

今はしっかりと自分の〝武器〟になっているようだ。

原田葵

『正直、すごく驚いたのが、
欅坂46は真正面から恋愛ソングを〝歌っていいんだ〟ということでした。
欅坂46は中性的な目線や少し男性寄りの目線が多かったし、
最初に『なぜ 恋をして来なかったんだろう?』を頂いた時は、
率直に「恋愛を歌っていいんだ」と思ったし、
ウキウキしちゃってる主人公がすごく新鮮でしたね』

女性アイドルのほとんどはガッツリとした恋愛ソングを歌うし、むしろ欅坂46が異質の存在だった。
原田葵は曲をもらった時に驚いたのはもちろん、ミュージックビデオの撮影でもさらに驚かされた。

『歌詞は超絶恋愛ソングなのに、
ミュージックビデオは歌詞の世界観をあまり反映していないというか（笑）。
こちらが「きっとこんな風なシーンがあるんだろうな」って想像するのを、
完全に裏切ってくれましたから。
でもそれはそれで、（センターの）夏鈴ちゃんの魅力を上手く引き出していて、
さすがだなと思いました』

中でも舞い散る桜吹雪の中で踊るシーンには――

『絶対的な自信がある』

――と原田は笑う。

『私が言わなくても皆さん「綺麗だな」って見とれたと思うんですけど、
まるでCGで合成したかのようなシーンじゃないですか。
でもあれ、実際にもの凄い量の桜の花びらを降らせる中で踊ったんですけど、
撮られながらずっと、
「(こんなに桜の花びらが降ってきて、私ちゃんと映ってる?)」
……と心配になったほどだったんです。
それがVTRチェックの段階で、みんなから溜め息が漏れるほど綺麗で。
あれこそが〝プロの仕事〟ですよ』

そのプロの仕事には、原田葵自身もこれから〝プロ〟として応えねばなるまい——。

守屋茜

『友香はそういうこと、思っていても胸の内にしまい込むんですよ。
だから私があえて口にすることで、キャプテンを支える。
デビューの時期がほとんど同じだからこそ、
ＮｉｊｉＵさんに勝てて良かった』

共にデビュー曲が発売される前に第71回NHK紅白歌合戦への初出場が決まった、櫻坂46とNiziU。

片やJ-POPの王道路線、そして片や最新K-POPを踏襲するグローバルグループの違いはあれど、紅白初出場に1週間差のデビュー曲発売と来れば、意識するなと言うほうがおかしい。

『確かに私たちは欅坂46から改名した分、
今年オーディションを行っていたNiziUさんと同じ〝新人〟と呼ぶには、
抵抗があるかもしれない。
でもだからこそ、同じ〝新人〟でも負けたくなかったんです』

12月2日に発売、12/7付オリコンチャートで1位に輝いたNiziU『Step and a step』の初週売上げはおよそ31.2万枚。そして12月9日に発売、12/14付オリコンチャート1位の『Nobody's fault』の初週売上げはおよそ40.9万枚。

ほぼ10万枚の差をつける圧勝劇で、今年発売された女性アーティストのシングル初週売上げ40万枚超えは、日向坂46『ソンナコトナイヨ』(3/2付)、AKB48『失恋、ありがとう』(3/30付)、乃木坂46『しあわせの保護色』(4/6付)に続き、4組目の快挙達成となった。

『あれだけ話題になって、
プライベートの友だちもみんなＮｉｊｉＵさんに注目していたから、
本当に気になっていたんです。
もし櫻坂46がＮｉｊｉＵさんより売れなかったら、
印象として「改名は失敗」「ＮｉｊｉＵのほうがすべてにおいて上」
……みたいな言われ方をするだろうし、
私たちを知らない音楽ファンがそれを聞いて、
「そうなんだ。じゃあ櫻坂は聞かなくていいね」って思うんじゃないかな……とか、
葛藤というか苦しさというか、ずっと心の奥でうごめいてました（苦笑）』

副キャプテンとしての本音は、菅井キャプテンはもちろんのこと、メンバー全員を鼓舞させたに違いない。

渡辺梨加

『何も出来ない私が〝櫻エイト〟に入れなかったからといって、
それは全然普通のことだと思います。
ファンの皆さんは「次こそは！」と言って支えてくれますけど、
そろそろ私も甘えてばかりじゃいけない。
それに気づかされたことが、とても重要な経験です』

12月13日から来年1月24日まで、6回に渡って開催される櫻坂46『Nobody's fault』発売記念オンラインミート&グリート会。

従来の個別握手会ではなく、オンライントークでの〝ミーグリ〟会について、ここで詳しく説明する必要もないだろう。

「梨加は全メンバー26人中、6人しかいない〝2次抽選完売メンバー〟で、梨加以外の5人（小林・菅井・理佐・田村・森田）は櫻エイトのメンバーです。完売はメンバー人気を表す成績表。もちろん欅坂46時代の個別握手売り上げから選抜メンバーが決められたんでしょうが、トップ人気の梨加が櫻エイトどころか選抜メンバーからも外されたことは、様々な憶測を呼ぶに相応しい事件です」

（人気放送作家）

ここではその憶測に触れるつもりはないが、渡辺梨加は自身のほうから――

『選抜メンバーからは外してください』

――と頼んだとの証言もある。

「ファンの皆さんも鮮明に覚えていると思いますが、今年の春、まだ『欅って、書けない?』時代に梨加と長沢菜々香が有名パン職人にパン作りの指導を受けた際、まともに返事をしない2人に職人さんがガチ切れしたロケがありましたよね。梨加は自ら公言するパン好きであのロケも楽しみにしていたそうですが、〝返事もよくない。やる気も見えない。40年大事にしてきたパンを汚されたくない〟とロケ中止寸前に至ったことを、自己嫌悪に陥るほど反省しているのです。それで『**こんな私が大切な選抜メンバーの椅子に座るわけにはいかない**』――のだと」(同人気放送作家)

賛否両論で紛糾したロケではあったが、あの経験が――

『**そろそろ私も甘えてばかりじゃいけない**』

――という奮起を促すきっかけになったのだとすれば、2ndシングル以降の渡辺梨加には大きな期待をかけるしかないだろう。

渡邉理佐

『カウントダウンライブの私の挨拶が、
メンバーに言わせると――
「一見、理佐っぽくないけど、実は理佐の考え方そのもの」
――らしいです（笑）。
あの時は何か言葉を用意していたわけではないので、
感情のままに出てきた言葉だったからかも』

本書のエピローグでも触れているが、12月8日の櫻坂46デビューカウントダウンライブで――

『これからも出来る限り長く長く、
皆さんと一緒に素敵な時間を過ごせていけたらいいなと思います。
メンバーと一緒に協力して助け合いながら前に進んでいきますので、
どうか長く一緒にいてください。
今日はありがとうございました!』

――と挨拶をした渡邉理佐。
この言葉の中に含まれている〝長く長く〟〝長く一緒に〟と繰り返したところに、メンバーが言う〝理佐っぽい〟本音が表れていたのだ。

『私はすごくクールに見られがちで、
「本当はアツいんだぞ！」とか自分で言うことじゃないし、
欅坂に入る前からそう思われていたから、
「別にどう見られたって構わないや！」……って諦めていた部分があるんです。
でも去年から今年にかけて本当にいろいろなことがあって、
自分の気持ちを言葉にしなければ環境が変わらないことを学んだんです。
だからあの言葉は、ファンの皆さんに対して私が本当に願っている想い、そのものです』

ファンの皆さんに長く応援してもらいたい、長く見ていて欲しい。

それは渡邉理佐が欅坂46に加入して以来、ずっと秘めていた願いでもあったのだ。

欅坂46から櫻坂46への改名、その試練の最中に彼女が学んだもの――。

自分の気持ちを言葉にする勇気こそが、これからの渡邉理佐をさらに成長させてくれるだろう。

2期生

井上梨名

『本当、たまたまラジオで（山﨑）天ちゃんの反抗期の話題になったけど、
グループアイドルの楽屋は〝常に誰かが反抗期〟って聞いたことがあります。
私みたいにメンバーには反抗期の姿を見せない、
猫被ってるほうが実は結構辛かったりします（苦笑）』

12月6日にオンエアされた『櫻坂46 こちら有楽町星空放送局』（ニッポン放送）で、反抗期の自分たちについて語った井上梨名と山﨑天。

しかし井上に言わせると――

『自分たちというか、天ちゃんの反抗期（笑）』

――で、番組の関係者も「自分でカミングアウトしたんだから、僕らは責任取りません」などと笑いながら振り返る。

「でも天ちゃんが**『反抗期は小学5年で終わり。今は中3だから4～5年前』『2期生みんなでわちゃわちゃしている時も冷めた目で見ていた』**――ぐらいの話は、むしろ可愛く感じましたけどね。最後に梨名ちゃんの**『（天ちゃんの）反抗期が終わった』**に対し、**『何にも知らないくせに』**――と返したのは、微妙に含みがあって面白かったですけど」（ニッポン放送関係者）

一方の井上梨名は――

『外では一切そういう面を出さない。
親の前ではめっちゃ反抗してた』

――と語ったが、実際にはどうだったのだろう。

「天ちゃんに聞くと、『そういえばいつもニコニコしていただけかも』――と言っていましたが、それに対して梨名ちゃんが『ムッとしていた時ほど、あえて笑うようにしていた』『そういう訓練をしていると考えていた』そうで、本当は天ちゃんよりも怖かった(苦笑)。『反抗期を見せないほうが何倍も辛い』――と言われた時は、なぜかサラリーマンの悲哀を感じてしまいましたよ(苦笑)」(同ニッポン放送関係者)

メンバーの前では〝反抗期を見せないために、あえてニコニコしていた〟という井上梨名。

アイドルの笑顔の裏にも人知れぬ苦労があるようだ。

遠藤光莉

『私だけじゃなく他のアイドルグループに所属しているメンバーさんの中にも、
アイドルになる前はロックダンスやジャズダンスを本格的に習ってる人がいるんです。
でもだからといって、皆さんグループの中で一番上手く踊れるわけじゃない。
それを身をもって味わっているので、
〝歌詞やその裏にある感情の意味を表現出来る〟
――そんなパフォーマンスを早く身につけたいです』

神奈川県の湘南近辺の出身で、所属する中学のダンス部で全国大会準優勝、世界大会にも出場した遠藤光莉。

しかしその華やかな経歴がむしろ邪魔になるのが、アイドルのパフォーマンスだったりするから面白い。

「グループは違いますが、AKB48の横山由依はプロのダンサーや振付師が認めるほど高度なダンステクニックを持ち、AKBの冠番組で開催したダンスコンテストでも48グループ内で負け知らず。しかし加入当初はそのダンステクニックが仇となり、同期生との選抜争いに負け続けました。本格的にダンスをやってきた人間ほど、アイドル楽曲のパフォーマンスに劣る。何とも不思議な現象です」(人気放送作家)

世界大会に出場した遠藤が、坂道合同オーディションでは合格出来ずに研修生に回されたのも、同様に不思議な現象といえるだろう。

『私は高校生の時、『太陽ノック』の生駒里奈さんを見て力をもらった。

だから今度は私が力をあげられる側に回りたい。

そう思ってオーディションを受けたので、
日本で準優勝したとか世界大会に出たとか、もう単なる過去でしかない。

今は〝櫻坂46の世界観をパフォーマンスでどう表現するか〟――それしか頭にありません』

目標のためなら、過去の栄光やプライドも捨てられる。

遠藤光莉が頭角を現せば、彼女に勇気をもらうファンがますます増えるに違いない。

大園玲

『今日私たちのデビューカウントダウンライブを見るために、
映画館に足を運んでくださった皆さんの愛は、
スクリーン越しにしっかりと伝わっております。
私たちの未来は真っ白に明るいです。
これからファンの皆さんを愛して、メンバーを愛して、楽曲を愛して、
グループを愛して、一歩ずつ踏みしめて坂を上っていきたいと思います。
これからもよろしくお願いします』

これは『櫻坂46 デビューカウントダウンライブ!!』で大園玲が発した感謝のセリフだが、さすがしっかりとした性格を言葉でも表している。

「大園はコロナ禍で最も存在感を示したメンバーです。最初はリモート出演だった『欅って、書けない?』での発言をMCの2人が気に入り、まだ少人数のスタジオ収録に〝何とか大園を呼べないか〟と打診してきたそうですから。もともと、新2期生が登場した当時から独特の存在感を示していて、色白の美少女ぶりも際立っていましたからね」(人気放送作家)

同じ鹿児島出身、名字も同じ乃木坂46・大園桃子の〝天然田舎少女〟ぶりとは違い(失礼!)、当初から知的なオーラを放っていた大園玲。

1stシングル『Nobody's fault』で新2期生から唯一の選抜メンバー入りを果たしたのも、次の櫻エイト、さらにその先の1列目、センターへの布石とも言われている。

「センターに2期生の森田ひかるを抜擢したのは、欅坂46から櫻坂46に改名したイメージを全面に打ち出すため。運営内部の情報では2ndシングルのセンターに森田が起用される可能性は低い。今後は山﨑天、藤吉夏鈴を含め、熾烈なセンター争いが勃発するのではないでしょうか」(同人気放送作家)

その熾烈なセンター争いを制するのは誰なのか?

大園玲も間違いなくその中の一人に入るだろう――。

大沼晶保

『私、全然普通にやってるだけだし、作ったりもしてません。
〝面白い〟と言われるのは存在価値を認めてもらえて嬉しいけど、
でも笑われるよりは女子に憧れられたい。
私が憧れた橋本環奈さんのような、キラキラしたアイドルになりたいんです。
出来れば（笑）』

中学生の頃、あの「千年に一人の美少女」と呼ばれたアイドル時代の橋本環奈を見て、「自分もアイドルになりたい」と強く意識した大沼晶保。

本人が明かしているように静岡県の漁師町に育ち、釣りとお菓子作りを趣味にした彼女の夢は、新2期生として配属された櫻坂46で叶えられようとしている。

「大沼は増本と並ぶ〝変人〟として『そこ曲がったら、櫻坂?』でもフィーチャーされているので、イメージを覆すのは難しいかもしれませんね。しかし好きな芸人は〝パッション屋良〟、自分の性格は〝うさぎとパクチーを合わせたような性格〟と自己紹介した時点で、この日が来るのはわかりそうな気もしますが(笑)」(テレビ東京関係者)

さらに尾関梨香がパーソナリティを務めるラジオ番組で――

『テストで0点を取ったことがある』

『最初英語と出会った時に、自分の名前も英語で書けなくて0点だった』

――と明かし、変人に〝おバカキャラ〟まで上書きされてしまう。

『最初に『けやかけ』でイジられた時も、
尾関さんのラジオでカミングアウトした時も、
後でめっちゃ恥ずかしくなって反省するんです。
でも私、その場その場で常に全力投球することしか出来ないし、
私は橋本環奈さんに夢を与えてもらったけど、
私を見て笑ってくださる方がいれば、それもアイドルの使命だと思うんです。
だから私、これからも何事にも全力でぶつかる。
その精神は持ち続けます』

可愛ければアイドル？ 歌が上手ければアイドル？
……いや、そうではないだろう。
あの子を見ていると自然に笑みが溢れる。
頑張っている姿に胸が熱くなる。
それだって立派なアイドルなのだ。

幸阪茉里乃

『私はまだまだ出番が少ないですけど、
でもパフォーマンスをしている時に真っ直ぐ見ている視線は、
いつもファンの皆さんを見つめています。
ファンの皆さんの応援が届いていることに対する、
私からの気持ちだと思ってください』

坂道研修生から配属された新2期生6名のうち、最年少で18才になったばかり（2002年12月19日生まれ）の幸阪茉里乃。

一見、真面目で大人しそうに見えるが、テンションが上がった時は、大沼晶保、増本綺良を圧倒するほどお喋りになるという。

「大沼と増本を筆頭に新2期生はアブない……じゃなかった〝個性的なメンバー〟が揃いましたけど、幸阪はまだ遠慮しているのか、先輩の前ではなかなか〝地〟を出せずにいるように見えます。自称〝生まれた時からずっと陰キャ〟でも、それをセールスポイントにしようと開き直ればいいんですけどね」（テレビ東京関係者）

ちなみにアイドルのプロフィールで〝特技 フラフープ〟と記している者は、フラフープを披露した時に99％はスベるので、今後は出来る限りフラフープからは遠ざかったほうがいいかも。

『今もメンバーの中で1、2を争うぐらいダンスの覚えが悪いままなので、
先輩方のパフォーマンスをしっかりと目に焼きつけて頑張ってます。
研修生時代と違うのは「私はもう櫻坂46の正規メンバーなんだ」――というプライドで、
〝プロとして何を見せるか？ どう表現するか？〟具体的なテーマを一つずつ挙げ、
それをクリアすることで成長出来ればな――と思います』

この言葉からもおわかりの通り、控え目でも強い向上心を持つ幸阪茉里乃。
少し贔屓目ながら、彼女のようなメンバーが報われるグループであって欲しいと願う。

関有美子

『女芸人さんの〝THE W〟の番宣みたいなヤツで、
ゆりやんレトリィバァさんが――
「〝痩せたら笑いの武器を一つ失う〟と言われた。
そんなの関係ないって証明する」
――みたいなことを言ってて、すごくカッコ良かったんです。
私がお嬢様キャラを捨てても勝負出来るか、ちょっと自信ないけど（苦笑）』

実際の関有美子のプロフィールは別項に譲るとして、2期生、新2期生の中でも群を抜くモデル適性を持つ関有美子。

「関は坂道合同オーディションを受ける前からの坂道ヲタクで、菅井友香が〝菅井様〟と呼ばれる経緯や理由についても、当然のように熟知しています。それゆえ、いくら番組の企画とはいえ〝どちらが真のお嬢様か？〟などと比較されること自体、〝おこがましいです〟の気持ちが強い。本音ではあんな企画をやって欲しくなかったけど、自分にはそれを拒否する力もない。収録前から嫌がっていたと聞いています」（テレビ東京関係者）

今は同じメンバーでも、いちファンとしては「キャプテンと比べられるなんてとんでもない！」感覚なのだろう。

「メンバーの中に何人も同じキャラがいらないのは、太目キャラもお嬢様キャラも同じですからね。関が〝お嬢様キャラを捨てたい〟のも〝でも捨てる自信がない〟のも、彼女の正直な気持ちでしょうし、何か別のキャラを生み出すものでもない。ただ、今の彼女と新生櫻坂46の売り出し戦略を見れば、近い将来、お嬢様系の〝セレブモデル〟のポジションを与えられるのは間違いない。アイドル兼モデルはたくさんいても〝アイドル兼セレブモデル〟はいない。彼女が菅井と対決するネタもその前振りだと睨んでいます」（同テレビ東京関係者）

なるほど。それは間違いなく〝明るい話題〟に他ならない。

ちなみにそこに――

『菅井さんに負けて本当に良かった』

――と胸を撫で下ろした、関の性格の良さもセールスポイントに加えて頂きたい。

武元唯衣

『将来は滋賀県出身の〝有名芸能人トップ10〟に入りたいんです。
今は滋賀県といえば西川貴教さんですけど、
西川さんにはみんな、知事になって欲しいと思ってますしね。
あと、私も〝イナズマロックフェス〟に単独で呼ばれてみたいです』

坂道シリーズでは唯一の〝滋賀県出身〟メンバーの武元唯衣。

地元愛に溢れる彼女は〝故郷に錦を飾る〟ではないが、「滋賀の人たちの口から〝滋賀といえば武元唯衣!〟と、すぐに名前が出る」知名度を持つことが夢の一つだと語る。

「隣県が京都、その向こうに大阪を臨んでいるせいか、滋賀県出身の人気芸能人はもともと少ない傾向にあります。武元が名前を挙げた西川貴教以外では山崎まさよし、高橋メアリージュン&ユウ姉妹、林遣都。お笑い芸人ではダイアン(ユースケ・津田篤宏)や野性爆弾(くっきー!・ロッシー)、ひょっこりはん、ムーディ勝山あたりでしょうか。若手で知名度を伸ばしているのは女優兼タレント、モデルの高橋ひかるや堀田真由」(人気放送作家)

自分が活躍することで――

『滋賀県民が芸能界にもっと興味を持ってもらえたら』

――と、武元は知名度を上げたいそうだ。

「坂道シリーズでは唯一の滋賀県出身でも、48グループには元AKB48の田名部生来、元NMB48の上西恵と内木志らがいて、さらには現役NMB48メンバーの上西怜（※上西恵の実妹）もいます。そして田名部は西川貴教主催の〝イナズマロックフェス〟に同郷枠で呼ばれているほどで、武元もまずはそこを目指しているようですね」（同人気放送作家）

坂道シリーズはメンバーの〝出身47都道府県〟と密接に関わる仕事を避けてきた節があるが、櫻坂46として紅白歌合戦初出場を果たした今、全国的な人気を獲得するためには〝出身県戦略〟も必要。

まずは2021年、イナズマロックフェスが開催された暁には、武元個人、あるいは櫻坂46での出演を目指そうではないか。

田村保乃

『Google検索で〝田村〟と入力したら、
真っ先に〝田村保乃〟の名前が出るような、そんなアイドルになりたいんです。
〝櫻エイト〟に選ばれて一時的にそうなりましたけど、
5年先、10年先もその座をキープしたい。
だから田村姓でめっちゃ可愛い子は櫻坂46に入ってきちゃダメ(笑)』

2020年12月半ば現在、漢字で〝田村〟と入力した際の検索候補には〝田村保乃〟以下、ゆかり、真佑、真子、芽実、直美、英里子……と並んだ。

この勢いをこのままキープするには、櫻エイトからさらに上を目指すことも必要だろう。

「すでに田村は個別握手（※ミーグリ）の売上げがトップグループで、幻の9thシングルの選抜にも選ばれた中心メンバー。同じ櫻坂46の中ではなく、〝田村姓の検索トップになりたい〟発想は彼女らしいというか、オリジナリティを感じさせます」（テレビ東京関係者）

『Nobody's fault』発売の1週間前からYouTube公式チャンネルで公開された7名の個人プロモーションビデオも、田村保乃の再生回数が他のメンバーの2倍以上と圧倒。

「その7名とは田村をはじめ関有美子、松田里奈、森田ひかる、遠藤光莉、大沼晶保、増本綺良……と運営が期待する2期生、新2期生のラインナップ。決して田村が2倍以上の再生回数を余裕で達成するメンバーたちではありません」（同テレビ東京関係者）

公開から1日で34万回再生を突破（センターの森田ひかるで15万回再生）し、急上昇ランキングにも入った田村保乃。

演技力には定評がある彼女が単独でのドラマ出演を始めたら――。

その時こそ、検索トップの安泰が訪れるのでは？

藤吉夏鈴

『〝櫻エイト〟の発表の時、選ばれなかったメンバーを横目で見ながら、
すごく心苦しかったんです。
最初に〝櫻エイト〟の説明があって、
欅坂46時代からそういう特別な〝超選抜〟はなかったし、
乃木坂さんでいえば〝七福神〟じゃないですか。
自分が呼ばれた喜びよりも、まず周囲の反応ばかり気になっていました』

櫻エイトのメンバーであり、カップリング曲2曲のセンターを務める藤吉夏鈴。

2期生以降は欅坂46幻の9ｔｈシングルで選抜発表があったが、CDが発売されなかったことで――

『そういう競争の場に放り込まれて戸惑っていた』

――そうだ。

『選抜発表の胃が締めつけられるような緊張、

口の中がカラカラに渇く苦しさみたいなものを、

特に2期生以降は忘れていて（苦笑）。

これまでずっとみんなで歌番組に呼ばれたり、ライブでパフォーマンスしていたので、

平和ボケのような感覚でいたし、その場にいることが夢のワンシーンみたいな。

あの経験は二度と出来ないと思うけど、ハッキリと〝櫻エイトの責任感〟は感じました』

彼女が欅エイトを務める『Nobody's fault』の初披露は、欅坂46 LAST LIVEの2日目だった。

文字通り欅坂46から櫻坂46へと、バトンが渡された瞬間だ。

『初披露のパフォーマンスの記憶は残ってないんです。欅坂46として最後に『サイレントマジョリティー』を歌った後、『Nobody's fault』のために早着替えしてステージに上がる直前に、センターの（森田）ひかるの肩を叩いたことは覚えています。ライブの本番前にするルーティンで、あの日も気合いを入れるためにやりました。別にひかるに「痛かったんだけど！」とか、文句を言われたわけじゃありませんよ（笑）』

緊張をパワーに変える、藤吉夏鈴の〝鈍感力〟。

彼女の大きな強味と言えるだろう。

増本綺良

『新たなスタート地点に立った可憐な桜の木のようなこのグループで、
一束でも多くの花を咲かせられる、花びらのような存在になりたいです。
これからもよろしくお願いします』

この言葉は増本綺良が〝櫻坂46 デビューカウントダウンライブ‼〟最後の挨拶で語ったセリフだ。

一瞬「暴走キャラの増本が頑張って綺麗にまとめようとしているな……」と感じてしまうが、そもそも可憐とは「可愛らしい」「いじらしい」の意味で、桜の花そのものならともかく、桜の木を〝可憐〟と表現するのはどうだろう。また〝一束でも多くの花を咲かせられる〟〝花びらのような存在〟にしても、枝に咲く花を一束とは言わないし、花びらはあくまでも花の一部分であり、増本の言う〝一束でも多くの花〟を咲かせられるわけでもない。

やはり増本のこの感性はあまりにも独特だ。もちろん良い意味で。

「以前、澤部(佑)くんが彼女について『**自分が習ってきたお笑いの教科書には載っていないタイプ**』『**自分も土田さんも増本の取り扱いの正解がわからない**』――と、少し悩んでいたことがありました。でもそれは〝自分たちが彼女を上手く導ければ、間違いなく櫻坂46を代表するバラエティタレントになれるのに〟――という自戒で、何とか才能を開花させてあげたいと考えているのです」(テレビ東京関係者)

澤部佑、そして土田晃之という売れっ子お笑い芸人が認める、増本綺良の潜在能力。

むしろ開花したらしたで、暴走に歯止めが利かずに頭を悩ませることにもなりかねないが、100%才能が開花すればどうなるのか?

怖いもの見たさで見てみたい気がする――。

松田里奈

『私たち自身は特に意識してなかったんですけど、
ファンの皆さんが良い意味で〝面白がってくれている〟ことを知って、
改めてミュージックビデオのストーリー性や背景の物語は、
見る人の視点によって違うことに気づきました。
〝欅坂46も櫻坂46も愛して頂けている〟
――そんなありがたい気持ちしかありません』

欅坂46の1stシングル『Nobody's fault』には、過去の欅坂46のシングル、8曲を彷彿とさせるシーンが散りばめられている。

ミュージックビデオが公開されると同時に、ファンはその是非についてSNSで多くの意見を発信した。

しかし佐渡島で撮影されたその現場では、選抜メンバーの半数を占める2期生、新2期生は特別な意識を持たずに収録に集中していたという。

『私たちは欅坂46ではシングルデビューが叶わなかったので、
今回はそれぞれが〝デビュー〟の重味を感じながら、とにかく必死に頑張ってました。
櫻坂46として新たな一歩を踏み出せる喜びや嬉しさ、
そういう感激が湧いたのもオールアップしてからだったので、
むしろ欅坂46を意識する余裕もなかったと思います』

ミュージックビデオ公開後、松田里奈は〝恐る恐る〟エゴサをかけてみたところ、改めてファンの反応を知る。

もちろん良い意見ばかりではなかっただろう。

しかし彼女は――

『櫻坂をこんなに真剣に論じてくれているのは〝愛〟』

――と、ポジティブに捉えていた。

さすが、2期生のリーダー格を務めているだけのことはある。

現在、櫻坂46のキャプテンを務める菅井友香の〝後継者候補ナンバーワン〟と呼ばれる松田里奈。

彼女ならば櫻坂をどんな色に染めてくれるのか――。

その日が来るのが楽しみな存在だ。

松平璃子

『年令も身長も同じで、モデルになりたい目標も同じ。
だからこれまで比べられることのほうが多かったんですけど、
こうして共演するほうが何倍も嬉しい。
だって私たちは〝ライバル〟ではなく〝同志〟だと思っているので』

櫻坂46のデビューに合わせ、センターの森田ひかる以下、様々なメンバーが少年マンガ誌や青年マンガ誌、芸能情報誌、ファッション誌のグラビアを飾った。

中でも注目を集めたのが、11月18日発売号から4週連続の〝櫻坂46祭り〟を開催した週刊少年マガジン（講談社）。

その〝櫻坂46祭り〟3週目にあたる12月2日発売号のセンターグラビアで、松平璃子と関有美子の共演が実現した。

「グラビアでは普段の活動では見られないアップの髪型を披露し、さらには22才の年令に相応しい、爽やかな上品さを纏うリンクコーデで登場しました。櫻坂46にはグラビアで透明感に気づかされるメンバーが多く、松平と関もそのうちの一人でしたね。『そこ曲がったら、櫻坂？』ではしゃぐ姿とは一変したギャップに、かなり新しいファンが増えたと聞いています」（アイドル誌記者）

正直なところ現時点で22才の年令は、表題曲の選抜に選ばれるにはややハンディを背負っていると言わざるを得ない。

しかし土生瑞穂に次ぐ高身長（167㎝）を活かし、何としてもモデルの仕事を掴みにいきたい彼女らは、たとえば10代のメンバーとは意識がまったく違うのだ。

『目の前のお仕事を全力でコツコツと。
チャンスは何十回も巡ってくるわけじゃないし、
その1回1回を懸命に頑張る。
私は不器用だから、それ以外にのし上がる方法が思いつかないんですよ（笑）』

松平璃子、次のランウェイの主役は君だ――。

森田ひかる

『よくアイドルさんやモデルさんが、
「コンビニで自分が表紙の雑誌を一番目立つ所に並び替える」とか、
トーク番組で話しているじゃないですか？
いつもそれを聞いて〝私も絶対にそうしよう！〟と思っていたのに、
同じ日に何冊も並んでいるのを見たら逆に恥ずかしくなって、
しばらくコンビニを素通りしてました（笑）』

12月9日、遂に発売された櫻坂46のデビューシングル『Nobody's fault』。

その発売日に合わせ、センター・森田ひかるが表紙の少年マンガ誌やグラビア誌が複数発売。

これまで彼女のことを知らなかったコンビニ客は足を止め、しばらく彼女の顔を凝視する。

そんなシーンが、多くの店で見られた現象だったという。

「櫻坂46や坂道シリーズのファンの皆さんは、グラビア向きの森田の強い目力、身長149.8㎝には見えない強く大きなパフォーマンスをご存知でしょうが、アイドルに疎いお客さんは〝この子、誰?〟〝新しいグラビアアイドルかな〟と思っていたようですね。近所のコンビニでそんな会話を耳にしました」(テレビ東京関係者)

逆に自分のことを知らない人に興味を持ってもらえることが「嬉しい」と言う森田ひかる。

『それはもちろん、私のことを表紙に選んでくださったスタッフさんのお陰。
入口が表紙で、中のグラビアを見て、
〝どんなプロフィールなんだろう?〟と櫻坂46のことも知って頂き、
作品にも興味を持ってもらえるパターンが最高ですね』

今シーズンは様々なグラビアに登場し、魅力的な表情を見せてくれた彼女。

1期生の渡辺梨加、菅井友香、小林由依、渡邉理佐、守屋茜、小池美波に続き、2期生初のソロ写真集もその手で掴み取るか――。

守屋麗奈

『坂道合同オーディション研修生に合格した時から、
どこに配属されてもミュージックビデオに出演することが憧れでした。
今回、まずは『Buddies』でその夢が叶ったけど、
理想の自分には程遠かったですね（苦笑）。
大沼（晶保）とペアでリップシーンを撮影する時、監督さんに――
「自由に踊っていいよ」と言われたら、
「自由って何!?」……とパニックになって、
リップシーンなのに歌うことを忘れちゃったんです。
まだまだ全然、自分に納得してません』

メンバーに聞くと「ふわふわしてて可愛い」という声が返ってくる守屋麗奈だが、意外にも負けん気が強く――

『過去の自分にリベンジ出来るのは今の自分だけ』

――と、名言クラスの言葉も残している。

『今回は自分に対しては悔しさしか残らなかったけど、
その何倍もいろいろなことを学べたし、
次こそはそれを活かして成長した姿をお見せしたいと思います。
だって『Buddies』は不安なことや辛いことがあっても、
「仲間がいる。独りじゃない」というメッセージで、
そんな歌を届ける私が仲間と力を合わせて成長しないと、
ウソのメッセージを伝えたことになりますから』

守屋麗奈によると、コロナ禍で〝東京に行きたいけど行けない〟ファンに向け、ミュージックビデオではドローンを使って東京の壮大さを表現しているとのこと。

『いつか自分も、その壮大さに負けないように』

――それが彼女の目標だ。

山﨑天

『私は1stシングルのフォーメーションや立ち位置を気にしていなくて、
あまり興味がないというか、
それよりも櫻坂46がどんな世界観をお見せ出来るか、
そっちのほうが気になっていました。
〝櫻エイト〟は大きな変化ですけど、
「改名した私たちがどんなグループになるのか?」
――それに注目して欲しいんです』

まさに〝無欲〟で掴んだ欅エイトとカップリング曲センターの座だが、山﨑天は2期生として加入した当初から、ある意味では平手友梨奈と対極にいる〝透明感〟から、ファンには「将来のセンター候補」としての期待を寄せられていたメンバー。

『自分自身が〝こうなりたい〟とか、
〝どんな色に染まっていきたい〟みたいな気持ちはないけど、
「欅坂46で出来なかったことを櫻坂46としてどう実現するか?」――を、
これからもずっと考えていきたいですね。
〝櫻エイト〟に選ばれたことはありがたいし、
選んで頂いたからにはしっかりと楽曲を届けられる存在にならなきゃいけない。
私がセンターのカップリング曲も、皆さんそれぞれの視点で楽しんで欲しいです』

最年少でありながら、常に「櫻坂46はどうあるべきか」を念頭に、アイドルとしても正しい道を進もうとする山﨑天。

彼女が加入した時、最も早く〝将来のセンター候補〟と感じたファンの皆さんは、歓喜の声を上げる瞬間が間もなく訪れるだろう——。

エピローグ

櫻坂46の記念すべき1stシングル『Nobody's fault』発売前日の12月8日、東京国際フォーラム ホールAで開催された『櫻坂46 デビューカウントダウンライブ!!』が、無観客のライブビューイング公演として全国117館の映画館で生中継された。

「オープニングの新しい櫻坂46『OVERTURE』に続く1曲目は『Nobody's fault』。欅坂46時代の楽曲は完全に封印し、シングル収録曲の7曲プラス、サプライズで初披露された未発表の新曲『櫻坂の詩』までを全力でパフォーマンス。実はその2日前の12月6日、乃木坂46の4期生が配信ライブでチケットを6万1,095枚売り、その比較が注目されていました。パソコンやスマホで見られる配信ライブ、それもライブを視聴しやすい日曜日と違い、櫻坂46は平日の火曜日かつ映画館に足を運ぶライブビューイング。それでも3万8,000席を売り切り、今最も勢いのある乃木坂4期生を実質的に凌駕したのです」(テレビ東京関係者)

新しい『OVERTURE』に続き、序盤に披露された3曲は森田ひかるをセンターに据えたシングル選抜メンバーでの『Nobody's fault』『ブルームーンキス』『最終の地下鉄に乗って』。

森田は——

『この14人では感情的でメッセージ性の強い楽曲を歌っています。たくさんの方の心に響くような、私たちらしいパフォーマンスをみんなでお届け出来ればと思います』

——と挨拶。

続いて藤吉夏鈴センターの『Plastic regret』と『なぜ 恋をして来なかったんだろう?』のパートへと移った。

「藤吉は『なぜ 恋をして来なかったんだろう?』を歌う前に、**『次の曲は歌詞だけ見ると〝恋愛曲かな〟って思うと思うんですけど、私は恋愛とはまったく違うような、新しい解釈を見つけました。皆さんも自分なりの解釈を見つけてみてください』**——と語りかけました。すでにこの発言に、彼女の〝センターの自覚〟が表れていますよね」(同テレビ東京関係者)

３人のセンター、そのトリで出てきた山﨑天をセンターとする14人は『半信半疑』、『Ｂｕｄｄｉｅｓ』を堂々とパフォーマンス。

山﨑は曲間で——

『私がセンターを務める『Ｂｕｄｄｉｅｓ』という楽曲は、仲間の大切さ、生きることの大切さを改めて感じさせてくれる曲。いろんな解釈をして頂きたいですし、この作品が世界中の方に届くように祈っています』

——と、その想いを口にした。

土生瑞穂——

『振り返ってみると楽しいことばかりではなく、時には苦しいことや悲しいこともありました。

でもその景色があったからこそ、いま私たちは背中を押されたように前しか向けないし、

「そこには大きな夢が広がっているんだな」――と感じています。

いつまでも皆さんの心の中に咲き続ける、そんな素敵なグループでありたいです。

これから一緒に、新しい坂を上っていきましょう！』

小林由依――

『私たちが絶対に皆さんを幸せにします！』

渡邉理佐――

『これからも出来る限り長く長く、皆さんと一緒に素敵な時間を過ごしていけたら。

メンバーと助け合いながら前に進んでいきますので、どうか長く一緒にいてください！』

菅井友香――

『ここまでいろんなことがありましたが、
みんなのライブでの笑顔を見て、今までのすべてに意味があったんじゃないかなと思います。

これから皆さんと、たくさんのかけがえのない日々を感謝と共に過ごしていきたいと思います。

どうか櫻坂46と長いおつき合いをよろしくお願いします。

欅坂46のラストライブから約2ヶ月。

いよいよ明日『Nobody's fault』で櫻坂46はデビューします!』

松田里奈――

『手を大きく開いてください。
中指を真っ直ぐ親指に近づけて、親指を中指の第二関節につけて頂くだけで、
なんと!〝桜ポーズ〟になります。
桜が咲いたような形になっていて、5枚の花びらがこだわりです』

エンディングは松田が説明した〝桜ポーズ〟がキメの新曲『櫻坂の詩』をサプライズで披露。

桜の形をした紙吹雪に包まれながら、菅井は――

『櫻坂をしっかりと駆け上がっていきたいと思います。
安心して応援して頂けたら嬉しいです！
ありがとうございました‼』

――と雄叫びを上げる。

まだ少し桜の季節には早いが、しかしこの日のライブビューイングに足を運んだファンの皆さんの目には、桜が舞う坂道をどこまでも走る26人の姿が見えたはずだ――。

櫻坂46
sakurazaka
〜櫻色の未来へ〜

〔著者プロフィール〕
阿部慎二（あべ・しんじ）

元テレビ東京局員。バラエティ指向にもかかわらず報道へ異動になり、有志たちとディレクター集団を結成。現在、週に２本の番組を掛け持ち、坂道シリーズを陰ながら支える。古巣の動静には敏感で、それゆえに情報が集まるターミナル的な存在。現在、アイドル誌等のライターも務める。推しは「近い将来弾ける」と太鼓判の松田里奈。本書では、彼の持つネットワークを通して、櫻坂46メンバー及び運営と交流のある現場スタッフを中心に取材を敢行。櫻坂メンバーが語った"言葉"と、周辺スタッフから見た彼女たちの"素顔"を紹介している。

櫻坂46
～櫻色の未来へ～

2021年1月30日　第１刷発行

著　者……………阿部慎二
発行者……………籠宮啓輔
発行所……………太陽出版
東京都文京区本郷4－1－14　〒113-0033
電話03-3814-0471／FAX03-3814-2366
http://www.taiyoshuppan.net/

デザイン・装丁…宮島和幸（ケイエム・ファクトリー）
印刷・製本………株式会社シナノパブリッシングプレス

ISBN978-4-86723-028-2

◆ 既刊紹介 ◆

小倉航洋［著］　定価 1,300円+税

欅坂46　坂道かけろ！
〜彼女達のココロ〜

**『私たちはグループだから、
全員が同じ方向を向いていないと、
見ているファンの皆さんにそれが伝わっちゃう。
だから一つになって、
同じ方向を目指さなければならない』**【菅井友香】

彼女達自身の“言葉”と、知られざるエピソードで綴る41人の真実
彼女達を見守り続けてきた周辺スタッフだけが知る欅坂46の真の姿
そこには彼女達が舞台裏でしか見せない“素顔”が垣間見えるはずだ。

登坂 彰［著］　定価 1,300円+税

齋藤飛鳥×堀未央奈×山下美月
〜乃木坂 3人のヒロインたち〜

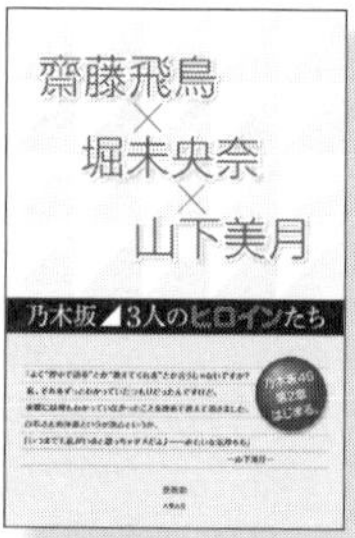

**『よく“背中で語る”とか“教えてくれる”とか言うじゃないですか？
私、それをずっとわかっていたつもりだったんですけど、
実際には何もわかっていなかったことを改めて教えて頂きました。
白石さんの決意というか決心というか、
「いつまでも私がいると思っちゃダメだよ」
――みたいな気持ちも』**【山下美月】

“乃木坂46 第２章”を紡ぐ３人のヒロインが語った言葉と、
乃木坂メンバーそして側近スタッフが明かすエピソード。
乃木坂の次代を担う３人の「想い」そして「素顔」を独占収録!!

◢ 主な収録エピソード

★ 1st Chapter　３人のヒロイン
★ 2nd Chapter　齋藤飛鳥
★ 3rd Chapter　堀未央奈
★ 4th Chapter　山下美月
★ 5th Chapter　４期生『プリンシパル』&４期生フレーズ集